Reinhard Rodner

Geschichten, Episoden und Erzählungen
aus meinem Leben

Eine Ergänzung zu meinem Buch: Ein (sudeten) deutscher Junge

Text: Reinhard Rodner
Covergestaltung: Verlagshaus Schlosser
Umschlagabbildung: AdobeStock
Satz und Layout: Verlagshaus Schlosser
ISBN 978-3-7581-0038-3
Druck: Verlagsgruppe Verlagshaus Schlosser
D-85652 Pliening • www.schlosser-verlagshaus.de

Printed in Germany

Inhalt

Geschichte von den Vertriebenen:

Wir kamen nach Thüringen aus der Ferne
Uns hatte man hier nicht so gerne.
In Thüringen waren wir hier Fremde,
wir hatten auf dem Arsch nur ein Hemde.
Mehr hatte man uns nicht gelassen,
wir konnten es selbst nicht fassen.
Sie kamen kurz nach Mitternacht, halb zwei,
da war es für uns mit dem Schlaf vorbei.
Um 06.00 Uhr sollten wir auf dem Markte sein,
ohne Geld, Sparbuch, Schmuck und Sparschwein,
dass blieb alles in der Wohnung zurück,
es gab für uns kein größeres Unglück.
Auf dem Marktplatz wurden wir alle durchsucht,
glaubt mir, wir hatten riesengroße Furcht.
Dann wurde uns Beneschs Dekret erklärt
Und diese Leute hatten alle ein Gewehr.
Für uns gab es keine Hoffnung mehr.
Wir mussten verlassen unser geliebtes Heimatland,
das ging uns alles über unseren Verstand.
Wir wurden dann im wahrsten Sinne fortgetrieben,
wir wären gern noch dageblieben.
Sie trieben uns aus unserem Heimatland,
der Marsch für uns kein Ende fand.
Alte Menschen die nicht mehr mitlaufen konnten,
haben wir nirgends mehr aufgefunden.
Hin und wieder knallte ein Schuss,
das galt den Alten dort am Treckschluss.
Im Vogtland ließ man uns dann gehen,
wir wussten nichts und konnten nichts verstehen.
Im Vogtland gab es Leute die wir trafen,
da waren viele, die uns halfen.
Hier in Thüringen, wir waren Deutsche wie sie,
man mochte uns nicht. Das war keine Poesie.
Wir wurden beschimpft und vor uns ausgespukt,
das war alles mehr als genug.

Von Reinhard Rodner

1. Was gab es zu Essen bei uns nach August 1945:

Zum Frühstück gab es die ersten Jahre fast ausschließlich nur das Eingebrockte. Zwei Scheiben Brot wurden in eine große Tasse in Stückchen gegeben. Darauf kam schwarzer Malzkaffee, ev. etwas Magermilch und 2 Tabletten Süßstoff.

Ansonsten gab es auch 2 Scheiben Brot mit Margarine und etwas Salz darauf. Auch hier wurde schon ein paar Monate später selbstgemachte Marmelade auf das Margarinebrot gegeben. (Marmeladenbrote bekam ich ab September 1949 mit in die Schule).

Zu Mittag gab es nach meiner Erinnerung die erste Zeit überwiegend Knoblauchsuppe. Das war ein großer Topf mit Wasser. Das Wasser wurde zum Kochen gebracht. Da kam ein halber Würfel Margarine rein. Mutter hatte fünf Zehen Knoblauch klein geschnitten und zerdrückt, kam mit in das heiße Wasser und als letztes wurde Brot in kleine Stücke geschnitten (nicht gewürfelt). Das alles noch abgeschmeckt mit Salz. Wenn es Milch zu Hause gab, kochte Mutter Grießbrei, Haferflockensuppe, Puddingsuppe, Mehlsuppe manchmal auch Reissuppe. Immer wurde die Milch aufgekocht und dann das jeweilige Pulver oder Mehl, Graupen, Gries in die kochende Milch eingerührt und dann von der Ofenplatte etwas weggezogen, damit die Suppe oder der Brei nicht anbrennen konnte.

Es gab selbstgemachte Nudeln, die im heißen Wasser gekocht wurden. Der Teig wurde mit Mehl, etwas Margarine, einem Ei und etwas Wasser gefertigt. Das alles wurde zu einem sehr festen Teig geknetet, dann dünn ausgerollt, der Teig getrocknet an der Luft und dann in

Streifen geschnitten. Gebrochen wurden die Streifen per Hand. Nach dem Kochen wurden die Nudeln kurz in einen Durchschlag gegeben und mit kalten Wasser abgeschreckt. Dazu wurde Speck ausgelassen, der ausgelassene Speck wurde mit Margarine gestreckt. Das kam dann über die Nudeln. Dazu konnte man sich etwas Salz darüber streuen.

Es gab auch noch andere Suppen, die Mutter zu Mittag fertigte. So zum Beispiel Kartoffelsuppe. Kartoffeln wurden geschält, in kleine Stücke geteilt und kamen mit ein paar Möhrenstückchen in das Wasser. Wenn Kartoffeln und Möhren weich waren, zerstampfte sie das mit dem Kartoffelstampfer, es wurde dann eine sämige Suppe. Dazu ließ sie wieder ein Stück Speck in Würfeln braten und kam mit in den Topf. Das wurde dann mit Salz, Pfeffer und Majoran abgeschmeckt.

Vater hatte dann auf dem Berg nach Pfuhlsborn einen kleinen Schrebergarten bekommen. Hier baute er vor allem Gemüse an, wie Kohl (Weiß und Blau), Spinat, Steckrüben, Petersilie, Majoran, ein paar Erdbeerpflanzen, Tabak, Erbsen, Bohnen (Busch – und Stangenbohnen) und Kopfsalat. Das konnte Mutter alles zum Kochen benutzen. Ich selbst aß sehr gern Suppen aller Art, vor allem Kartoffelsuppe, Erbsensuppe, Bohnensuppe, weiße Bohnensuppe und Kohlrübensuppe (Steckrüben). Die Machart ist bei solchen Suppen fast immer die gleiche. Es kommt nur darauf an, welche Zutaten und welche Gewürze man dazu benötigt. Krautsuppen, wie Weißkohl - und Wirsingsuppen aß ich auch. Hier kam es vor allem auf das Gewürz an, ich habe sehr gern Kümmel dazu gemocht, natürlich auch Pfeffer und Salz. Besser war es dann, wenn Fleischstücke und Wurstreste vorher angebraten wurden.

Im Herbst gab es oft Pflaumenknödel. Eigentlich würde man heute Zwetschgen sagen. Hier fertigte Mutter wieder einen festen Teig aus Mehl, Margarine, etwas Backpulver und Wasser. Die Pflaumen wurden gewaschen. Der Topf mit dem Wasser wurde auf dem Ofen erhitzt und das Wasser zum Kochen gebracht. Dann wurden aus dem Teig etwa handtellergroße Stücke breitgedrückt, die Pflaume in die Mitte gelegt und der Teig um die Frucht zusammen gedrückt. Das kam ins kochende Wasser und blieb etwa 10 min drin. Dann wurden sie auf die Teller verteilt. Mutter hatte wieder Butter und Margarine erhitzt und Zucker reingegeben und alles leicht bräunlich werden lassen. Das kam über die Knödel. Uns schmeckte das wunderbar.

Ein beliebtes Gericht zu Mittag war Kartoffelbrei. Fast jeden Samstag gab es das. Mutter schälte die Kartoffeln, ich durfte das später auch tun, diese wurden halbiert oder geviertelt und mit etwas Wasser angesetzt (Kartoffeln mussten bedeckt sein) und Salz dazu gegeben.

Wenn die Kartoffeln anfingen zu zerkochen, wurde das Wasser abgeschüttet und die Kartoffeln zerstampft mit dem Kartoffelstampfer. Dazu kam heiße Milch, etwas Butter. Alles wurde nochmal mit Salz und Pfeffer abgeschmeckt und ein wenig Muskat daran gerieben. Dazu gab es unterschiedliche Beigaben. Anfangs wurde nur Speck ausgelassen. Später angebratene Wurstreste oder Wurstwürfel, irgendwann gab es die ersten Bratklopse (Bouletten). Das Fleisch wurde in kleine Stücke zerteilt (gesamt ca. 500 gr.) und mit dem Fleischwolf durchgedreht. An die Masse kam dann Salz, Pfeffer und Kümmel und 2 – 3 kleine harte Brotscheiben (wurden im Wasser aufgeweicht), das alles wurde mit der Hand durchgeknetet, in kleine ca. 50 – 80 gr. große Stücke in der Hand gedreht und leicht breitgedrückt. Diese wurden dann in Margarine gegart (leicht gebräunt). Dazu kam etwas Sauerkraut als Beilage.

Es gab auch Bratkartoffeln, in einer Bratpfanne wurde etwas Speck oder Schinkenwürfel ausgelassen, zu den kleingeschnittenen gekochten Kartoffeln kamen kleingeschnittene Zwiebeln, dann noch Gewürze wie Salz, Pfeffer und Kümmel. Dazu gab es manchmal 1 saure Gurke, manchmal 1 Spiegelei und öfter mal ein Brathering (diese machte Mutter meist selbst). Was es relativ oft gab, waren selbstgemachte Kartoffelpuffer. Etwa 10 große rohe Kartoffeln wurden geschält. Dann auf einer Reibe gerieben. Zu der damaligen Zeit wurde kein Schwefel verwendet, die geriebene Masse war grau und wässrig. Die Masse wurde mit Salz und einer feingehackten Zwiebel abgeschmeckt und mit etwas Mehl angedickt. Bei besseren Zeiten wurde noch 1 rohes Ei mit der Masse verrührt. In einer Bratpfanne kam etwas Oel, (Rapsoel) rein und die Kartoffelmasse wurde in der Pfanne breit gedrückt, Mutter hat immer 2 Hälften gebraten, man konnte sie besser umdrehen. Wollte man die Kartoffelpuffer mit Apfelmus oder Zucker (wurde über den Puffer gestreut) essen, kamen keine Zwiebel mit rein. Beliebt waren auch Eierkuchen. In einem Krug wurden 3 – 4 Eier rein geschlagen, das mit etwas Mehl angerührt und Zucker und eventuell mit etwas Milch verdünnt. Hier wurden sie auch in Oel oder Margarine gebacken und mussten wie die Kartoffelpuffer schön knusprig sein und gedreht werden.

Zur Kaffeezeit: Die erste Zeit gab es nachmittags kein Kuchen und Malzkaffee. Doch als dann etwa Mehl da war, buk Mutter die Buchtel, ich beschreibe sie ein paar Seiten weiter hinten. Es wurde häufig Rührkuchen in der sogenannten Gugelhupfform gebacken. Ich kann mich erinnern, dass ich auch große Kuchenbleche zum Bäcker zum abbacken bringen sollte. Es war meist Streuselkuchen.

Was sie sehr gern buk, das war der Kleckselkuchen. Ein Hefekuchenteig, auf dem Blech ausgerollt. Mit der Gabel wurde der Teig angestochen, damit der Teig beim Backen nicht hoch ging (keine Blasen bekam). Darauf wurden abwechselnd Kleckse aus Marmelade, Quark (angerührt mit Zucker und etwas Pudding), Mohn (gerieben, aufgekocht, gesüßt und angedickt mit Puddingpulver) und Pflaumenmus (selbstgemacht) drauf getan. Darüber kamen Streusel (Mehl, Butter, Zucker verrührt). Den bäckt meine Schwägerin Erna heute noch genauso gut, wie damals Mutter, sie hatte es sich von ihr gelernt.

Zum Abendbrot gab es anfangs Brotscheiben mit Margarine und Magerkäse. Falls wir Glück hatten, gab es auch mal selbstausgelassenes

Griebenschmalz. Dazu nahm sie etwas Fett vom Schwein, oft auch Speckfett, Zwiebeln drin und mit Margarine verlängert. Mit etwas Salz auf der Stulle schmeckte es sehr prima. Abends gab es auch oft Leberwurst oder Mettwurst, man konnte diese schön dünn auf das Brot schmieren. Ich kann mich auch noch erinnern, das unsere Mutter Jagdwurst im Stück aus Apolda mitbrachte. Diese wurde heiß gemacht und es bekam jeder am Tisch sein Stück. Bruder Herbert sagte mal, das sei Pferdewurst gewesen und Schwester Traudel wollte sie dann nicht mehr essen. Was wir Kinder gern taten, trockenes Brot auf dem Ofen gelegt und von beiden Seiten angeröstet. Dann rieben wir eine Knoblauchzehe auf das Brot, ein wenig Margarine drüber und etwas Salz. Das war für mich ein Leckerbissen. Ich gestehe, das ich nicht gern in Gaststätten gehe, die von Italienern, Griechen, Türken u.a. betrieben werden. Ich habe nichts gegen diese Leute, aber ich esse viele Sachen nicht. Doch zum Griechen lasse ich mich gern mal verleiten, wegen diesem Knoblauchbrot. Seit gut 4 – 5 Jahren gehe ich auch zum Chinesen, hier esse ich grundsätzlich nur Backfisch, das schmeckt mir sehr gut. Ja, ich weiß, ich bin ein sehr großer Mäkler beim Essen. Von den Kindheitserinnerungen her esse ich nur noch Schweine – und Rindfleisch sowie Fisch gebraten und marinierte Heringe.

2. Dummheiten im Kindes – und Jugendalter:

Mit der Gründung der DDR im Jahr 1949 wurde ich eingeschult in die 4klassige Grundschule in Obertrebra. Hier in Obertrebra saß ich mit meinem 3 Jahre älteren Bruder in einem Klassenraum, er war in der 4.Klasse. Diese Schule wurde im Jahr darauf geschlossen auf Beschluss der Regierung, es war nicht mehr zumutbar, dass vier Klassen zur gleichen Zeit in einem Raum unterrichtet wurden.

Im Jahr 1950 mussten wir Obertrebraer Schüler ab September nach Niedertrebra in die Grundschule gehen. Hier lernten wir noch ca. 20 Mitschüler kennen. Diese werde ich im Anhang dieses Buches namentlich anführen. Von einigen sind mir die vollständigen Namen nicht mehr in Erinnerung.

Wenn wir als Kinder auf den Straßen im Dorf spielten, kam es auch vor, dass unsere Lehrerin durch das Dorf spazierte. War es schon etwas spät, so gegen 19.00 Uhr so zeigte sie nur nach hinten mit dem Daumen und wir marschierten sofort nach Hause. Wir hatten da auf der Straße nichts mehr zu suchen und gehörten ins Bett, so war die Auslegung des Hinweises zu verstehen.

Noch vor meiner Einschulung, aber auch danach wurde ich bei bestimmten Ereignissen, wie zum Beispiel Pfingstfest oder zur Kirmes von meinen Eltern mitgenommen. Ich konnte mich schon da davon überzeugen, wie manche Kleinhändler mit einem sogenannten Stand ihre Waren anboten. Das weckte in mir auch Wünsche. Ich äußerte diese auch und mir wurde immer wieder erklärt, dass es solche nicht gibt, weil Mutter kein Geld dafür habe. In meinen Ausführungen im ersten Buch habe ich schon mitgeteilt, dass ich ein störrischer Bub war.

Da mir Mutter meine kleinen Wünsche nicht erfüllte, warf ich mich einfach auf den Erdboden und schrie. Natürlich bekam ich diese Wünsche nicht erfüllt, es gab meistens eine paar leichte oder manchmal ein paar derbere Schläge auf den Hintern. Im Kindesalter war es bei uns im Dorf zur Winterszeit üblich, dass wir auf dem Dorfteich Schlittschuh fuhren, Eishockey spielten und uns jagten. Wenn es dann zum Ende des Winters ging, haben wir mit Äxten und Beilen, die wir von zu Hause mitbrachten, Schollen in das Eis gehackt. Jede zweite schoben wir mit Holzstangen unter das übrige Eis, so hatten wir etwas Platz, mit den übrigen Schollen auf dem Wasser hin und her zu fahren. Dazu benutzten wir die Holzstangen, die nicht allzu lang sein mussten, da der Dorfteich an der tiefsten Stelle in der Mitte höchstens 1,20 m tief war. Wir fuhren mit den Schollen jedoch nur an der Straßenseite, wo auch das Geländer um den Dorfteich war, wir konnten uns dort im Notfall festhalten. Bei diesen Schollenfahrten rutsche ich auch 2 mal ab ins Wasser. Das war noch sehr kalt und es gab nur die Möglichkeit so schnell wie ich konnte nach Hause zu laufen. Das waren bis zu dem Haus wo wir wohnten etwa 150 m. Bis dahin war ich fast durchgefroren. Zu Hause angekommen, hatte Mutter nicht allzu viel Zeit mit mir zu schimpfen. Ich wurde ausgezogen, abgerieben und ins Bett gesteckt.

Der Dorfteich hatte einen Zulauf. Das war eine Rinne aus Tonhalbröhren. Der Zulauf kam aus einer Quelle im Bereich der kleinen Linde, die auf einem Platz an der Straße nach Pfuhlsborn stand.

Ca. 800 m weiter den Berg hinauf, stand dann die große Linde.

Auf der gleichen Seite des Teiches ist der Abflussgraben, der ca.4-5 m von dem Zufluss weg war. Dieser Abfluss war 70 cm tief und das Wasser lief in einem Graben bis zur Ilm . (Das kann man heute noch an diesem Teich erkennen). Wenn es stark regnete, meist tagelang, führte der Zulauf viel Wasser zum Teich, der Ablauf konnte nicht alles fassen und so lief der Teich über, das Wasser stand dann auch bis an den Straßenrand. Die Fläche zwischen Zu – und Ablauf konnte man nicht mehr erkennen. An manchen Stellen lief das Wasser sogar über die Straße ins Grundstück der Fanny Holbein. Für uns als Dorfkinder war das was. Angst kannten wir nicht. Wir tummelten uns zwischen dem Zu – und Abfluss im Wasser und hatten dabei kaum etwa an. Es kam vor, dass manche von uns, auch ich, in den Abfluss rutschten und herausgezogen werden mussten, da wir das allein nicht mehr schaffen konnten.

An der Straße nach Pfuhlsborn standen, von den Bahngleisen angefangen, bis vor die kleine Linde Pflaumenbäume. Zwischen der kleinen Linde und der großen Linde waren Kirschbäume angepflanzt, die der Öbster Fuge aus Niedertrebra gepachtet hatte. Auch über der großen Linde bis zum Ortseingang Pfuhlsborn gab es auch noch Kirchbäume. Natürlich waren wir schon ende Mai dort und prüften, ob die Kirschen schon zu reifen begannen. Wir haben hier schon die ersten halbreifen Früchte gegessen. Für uns war das kein Diebstahl. Aber der Öbster hatte sich dann im unteren Teil vor der großen Linde eine Bude hingesetzt und bewachte seine Kirschbäume. Später brachte er sogar einen Schäferhund mit. Trotz der Angst vor dem Hund haben wir auf dem Baum gesessen und Kirschen gegessen. Einer passte immer auf, ob der Öbster kommt. Uns war es damals egal, ob da Maden in den Kirschen drin waren. Die Kirschen haben uns geschmeckt, manchmal haben wir sogar die Steine mit verschluckt. Der Öbster konnte selbst nicht überall sein, dazu war die Straße zu lang. Zum Glück hatte er seinen Hund nicht frei umherlaufen lassen. Aber wenn wir uns den Bauch richtig vollgeschlagen hatten, bekamen wir auch oft Durchfall.

Ich kann mich noch gut an das Pfingsten 1953 erinnern. Es war üblich, dass die Pfingstgesellschaft allen Familien im Ort mit einer Blaskapelle, es war meist die Kapelle Gröber aus Darnstedt, ein Ständchen brachten. Die Familien warteten schon auf diesen Umzug. Vorneweg lief der Burschenkellner mit einer Maie, (Birke), die mit bunten Bändern geschmückt war, hinter ihm zogen 2 Männer einen Handwagen, auf dem ein Fass Bier und ein Eimer mit Wasser stand. Danach kamen die Pärchen der Obertrebraer Pfingstgesellschaft.

Vor den Häusern der Dorfbewohner wurde angehalten, die Leute standen schon vor ihren Häusern und warteten auf den Umzug. Die Kapelle spielte einen Tusch. Der Burschenkellner rief den Bewohnern ein Hoch aus und übergab ihnen jeden ein Glas Bier zum Trinken. Dazu spielte die Kapelle, manche tanzten dann auch auf der Straße. Einige in dem Umzug hatten sich mit Ruß das Gesicht bemalt. Sie suchten im Haus nicht nur die Hausfrau, auch die jugendlichen Mädchen und drückten sie so, dass sie vom Ruß das Gesicht schwarz bekamen. Zum Dank gaben die so Geehrten eine Spende, was jeder so hatte, manche gaben Geld, andere Wurst und Eier, andere wiederum selbstgemachten Wein und meist selbstgebrannten Schnaps. Wir als Kinder liefen immer nur neben der Kapelle her und versuchten mit ihnen im Gleichschritt zu gehen. Von den gespendeten Getränken haben auch die Musiker welche abbekommen. Ich lief neben dem Mann mit der großen Pauke. Er hatte eine Flasche Wein bekommen, aber da er auch spielen musste, gab er mir die Flasche zum Halten. Ich dachte, ich sollte daraus trinken und habe ein paar Schlucke genommen, ich weiß heute noch, das er sehr süß war. Plötzlich schnappte mich einer der Pfingstburschen und übergab mich einem Jugendlichen mit dem Auftrag mich sofort heimzubringen. Ich weiß selbst nur, das es mir im Kopf plötzlich sehr seltsam wurde. Man brachte mich nach Hause und den Rest des Tages durfte ich im Bett verbringen. Ich muss wohl sehr fest geschlafen haben.

Ich hatte im ersten Teil schon mal erwähnt, das ich zu Weihnachten einen richtigen kleinen Holzwagen mit Deichsel und 2 Pferdchen bekam. Das war mein schönstes Geschenk. Ich spielte auf dem Hof und mein Bruder Karl Heinz kam dazu. Er wollte auch mit den Pferdchen und den Wagen spielen. Wir zankten uns und in der Folge wurde ich so böse, das ich ihm den Wagen an den Kopf schlug. Somit war der

Streit erst mal vorbei, aber ich bekam das auf andere Art und Weise wieder.

An was ich mich besonders erinnere. Im Bereich unserer 4 klassigen Schule in Obertrebra war links neben der Schule noch der Bauer Lippach. Er hatte einen Bullen (männliches Rind). Wenn ein Kuhbesitzer seine Kuh decken lassen wollte, hat er nach Anmeldung seine Kuh vor diesem Grundstück festgemacht. Dann hat ein Knecht den Bullen gebracht und es dauerte nicht lange, so hat dieser Bulle die Kuh besprungen (gedeckt). Wenn alles seinen richtigen Weg gegangen war, bekam die Kuh nach 9 Monaten ein Kälbchen.

Vater hatte dann eine Zicklein mit nach Hause gebracht. Für dieses musste Karl Heinz und ich Futter von unserem gepachteten Feld auf dem Bielenberg holen. Die Felder da auf dem Berg waren in Terrassen angelegt und auf den Zwischenständen standen Sauerkirschbäume, die einem Pächter gehörten. Wir waren für die Fütterung und auch für das ausmisten der Ziege zuständig. Als das Zicklein größer wurde, musste Karl Heinz und ich die Ziege melken. Aber erst musste die Ziege ein Zicklein bekommen, sonst hätte sie keine Milch abgegeben. Nachdem meine Eltern wollten, das die Ziege ein Zicklein bekommen sollte, musste die Ziege erst zu einem Ziegenbock gebracht werden. In Obertrebra hatte niemand einen Ziegenbock, den gab es nur in Wickerstedt. Nach meiner Erinnerung hatte diesen eine Familie, die in Wickerstedt an der Hauptstraße in der Nähe der ehemaligen Gaststätte Stiebritz wohnte. Mit der Ziege musste ich im Lauf von 3 Jahren jedes Mal nach Wickerstedt zum Bock gehen. Vater schlachtete dann das Zicklein und das Fleisch wurde beim Bauern Gröschner geräuchert und dadurch haltbar gemacht. Ich esse heute noch kein Ziegen – oder Schaffleisch aus diesen Gründen. Durch dieses Geschehen haben wir Dorfkinder mitbekommen, wie es zu Kälbchen, Zicklein und Fohlen kam. Von den älteren Dorfkindern haben wir zu diesen Geschehen den Dorfjargon gehört und kennen gelernt.

Auf der Straße zum Bahnwärterhäuschen standen rechts mehrere Einfamilienhäuser, die gehörten damals nacheinander der Familie Reinhardt, der Frau Kunze, der Familie Hauer, der Familie Hill (die hatten eine Tischlerei) und im hinteren Haus wohnte Familie Hahn. Daneben wohnte ein älteres Ehepaar, dessen Name mir entfallen ist. Dann kam noch Familie Schäfer und Wettig. Alle diese Häuser hatten Klingeln. Im Bahnwärterhaus wohnte Familie Guderian. Abends wenn die Dämmerung einsetzte, haben wir da unsere Klingelpartien gemacht. Das heißt, wir klingelten und hauten ab und versteckten uns. Genau gegenüber dem Wohnhaus Wettig stand eine Art Baracke – ein Geräteschuppen. Die gehörte dem Bauer Heiland. Darinnen standen Maschinen für die Feldarbeiten und andere Gerätschaften. Links führte ein Feldweg hinunter, der bis zum hinteren Teil des Grundstücks des Fleischermeisters Hahn ging und weiter bis zur Tischlerwerkstatt Carius. Unmittelbar links neben diesem Feldweg wurde auf Beschluss des Gemeinderates und auf Antrag des Bürgermeisters Wilhelm Rodner ein ca. 50 m hoher Wasserbehälter gebaut, den Vater aus der damaligen CSSR kommen ließ. Er sollte die Wasserversorgung im Ort verbessern, denn das Wasserhäuschen in der Nähe der kleinen Linde konnte von dem Zulauf aus einer Quelle die Dorfbewohner nicht mehr ausreichend versorgen.

Am Haus, indem die Familie Köber wohnte, es waren für uns alte Leute, haben wir uns was einfallen lassen, wie wir sie ärgern konnten. Mit einem Einweckring, in dessen Mitte wir eine Stecknadel befestigten und an der wir einen dünnen Faden, ca. 6 m lang anbanden, klopften wir an deren Fensterscheibe von der gegenüberliegenden Straßenseite. Mit Reißzwecken hatten wir den Einweckring am Fensterrahmen befestigt und von der anderen Straßenseite mit dem Faden die Stecknadel an die Scheibe klopfen lassen. Ich muss zugeben, dass wir wirklich oft Menschen, die für uns alt waren, ärgerten. Heute sage ich, die Dorffrauen liefen in dunklen Kleidern umher mit Kopftüchern und manchmal auch kaum noch Zähne in dem Mund. Für uns sahen sie sehr alt aus und dabei waren manche bestimmt keine 50 Jahre alt.

Bei der Gaststätte Rüdiger, später Czanera, in Obertrebra war eine Kegelbahn. Hier haben wir, wenn die Männer Kegelabend hatten, für sie die Kegel aufgestellt. Dafür bekamen wir manchmal 50 Pfennig. Gegenüber dieser Gaststätte hatten die Gaststättenbesitzer ihren Garten. In einem Holzhäuschen waren da auch Bienen drin. Siegfried der Gastwirtsohn nahm mich manchmal mit zu seinen Bienen und zeigte mir, wie man mit ihnen umgeht. Auf der Straßenseite war neben dem Garten ein aus Holz und Stein gebauter Raum. Der bestimmt mal als Biergarten genutzt wurde, aber nicht, solange ich dort wohnte im Ort. Hier trafen wir uns Dorfkinder auch und saßen dort in den Fensteröffnungen. Hier war auch Bernd Franke dabei, der ein Jahr älter war als ich. Neben diesem Biergarten war die Wäschemangel. Mutter nahm mich hier mit. Ich musste die Kurbel drehen, damit sich das riesige Holzgewicht, ein mindestens 2 m langer rechteckiger Kasten, auf den Rollen, über die zu mangelnden Wäschestücke lief. Hinter dem Garten befand sich das „Loch", ein freier Platz, auf dem zu den Dorffesten dann das Kettenkarussell aufgebaut wurde. Auf diesem Platz stand eine sogenannte Pflaumendarre, die gehörte zu der Gaststätte. Von diesem Platz aus führte bergan ein schmaler Weg in das obere Dorf. Diesen Pfad nutzten wir im Winter auch zum Schlitten fahren, er war ganz schön steil. Der obere Bereich war mit Büschen bewachsen, dahinter waren Gärten und auch ein Feld. In der oberen rechten Ecke war eine Lehmgrube, wo die Dorfbewohner sich Lehm zur Ausbesserung ihrer Öfen holten. Gleich daneben war der Bauernhof der Familie Schäfer.

Als Kinder sind wir gern zur sogenannten „ eisernen Brücke" gegangen. Der Feldweg dorthin führte vom Dorfausgang nach Flurstedt in die Felder in Richtung des Kehlgrabens. Die Brücke war über die Bahnschienen gebaut, die von Apolda nach Bad Sulza und umgekehrt führte. Wir schauten gern den Zügen zu, wenn die Personenzüge kamen, haben wir den Menschen im Zug zugewunken. Da ich davon schreibe, fällt mir eine Geschichte ein, die unsere Mutter, aber auch meine Schwester Traudel oft erzählten.

Als wir etwa im August herum nach Obertrebra kamen, hatten wir ja nichts. Wir hatten es von anderen geschenkt oder ausgeliehen bekommen. Zum Kaufen des Hausrates und anderer Gebrauchsgüter fehlte uns das Geld. Wir konnten uns kaum das notwendige Holz und die Kohlen kaufen, damit wir den Küchenherd beheizen konnten. Es sprach sich herum, das viele Kohlenzüge meistens von Bad Sulza her hier in Obertrebra auf ihre Weiterfahrt warten mussten. Diese standen oft vom Bahnwärterhäuschen in Richtung Apolda bis zur „eisernen Brücke". Hier sind viele Menschen aus allen umliegenden Ortschaften auf Kohlenklau gegangen. Es waren Güterzüge mit offenen Waggons die mit Briketts beladen waren. Die oft abends da warten mussten auf ihre Weiterfahrt.

Abends wenn die Dunkelheit herein brach zog Mutter und Traudel los und haben auch einige Male Kohlen von den Waggons geklaut (gestohlen). Traudel kletterte auf den Waggon und warf die Briketts herunter, die Mutter dann in einem Sack auflas. Die wurden dann mit dem bereitstehenden Handkarren nach Hause geschafft. Ein Polizist oder ein Eisenbahner war selten dazu gekommen, um den Diebstahl zu verhindern. Eines Tages war Traudel wieder auf dem Waggon und warf die Briketts herunter. Plötzlich fuhr der Zug an und Traudel getraute sich nicht herunter zu klettern. Mutter soll nebenher gerannt sein und Traudel angefleht haben, doch herunter zu springen, was dann Schwesterlein auch getan hat. Seit diesem Tag soll Mutter nie mehr auf den Gedanken gekommen sein, Kohlen zu klauen. Aber das Schwesterchen war dabei gut weggekommen und traute sich das noch selbst einige Male mit anderen zusammen zu.

An einem warmen Sommertag, wir waren zu dritt unterwegs, Karl Heinz, ich und ein Mädchen. Ich war 10 Jahre, Sie und Karl Heinz knapp 13 alt. Ihre Eltern waren zu dieser Zeit auch „Umsiedler“, so wurden wir in der DDR offiziell genannt. Wir hatten gehört, dass es um den Kehlgraben herum auf den Bäumen Früchte geben sollte und auch Pilze. Der Weg dorthin führte auch über die „eiserne Brücke“. Natürlich wollten wir erst einmal dort nach den vorbeifahrenden Zügen schauen. Wir haben schon unterwegs gesehen, dass das Mädchen unter ihrem Kleid kleine Brüste hatte. Wir Jungs kamen auf die Idee uns die Brüste von ihr zeigen zu lassen.

Wir fanden hier unter der Brücke, wäre die richtige Gelegenheit dazu. Wir mussten lange auf sie einredeten, bis sie einwilligte. Wir wollten doch nur den Unterschied sehen, zwischen unseren Jungenbrüsten und den leicht größeren Mädchenbrüsten. Sie war gerade dabei ihr Kleid etwas herunter zu ziehen, als ein Mann in Eisenbahneruniform kam, es war der sogenannte Streckenläufer und soll aus Flurstedt gewesen sein. Er muss uns gekannt haben, schimpfte mit uns und vor allem mit dem Mädchen. Wir hauten dann auch ganz schnell ab und trauten uns nicht nach Hause zu gehen. Als wir dann gegen Abend nach Hause kamen, wussten unsere Eltern schon Bescheid. Denn Vater fragte uns, was da unter der Brücke gewesen sei. Da wir uns schämten, versuchten wir es mit Ausreden und logen unseren Vater an. Der wurde aber wütend, so kannte ich ihn nicht. Ich habe bis zu diesem Tag von ihm noch nie Schläge erhalten und danach auch nie mehr. Aber an diesem Tag habe ich welche bekommen. Ich denke mir, das Karl Heinz auch Schläge bekommen hatte. Darauf kann ich mich nicht mehr besinnen. Aber wie es eben so ist, alles was mit einem selbst zu tun hatte, merkt man sich. Von anderen hat es einem nicht interessiert und hat es auch nicht in Erinnerung.

Zum Kehlgraben sind wir öfter hingelaufen. Es war ein tiefer Graben, indem viele Steine (große Feldsteine), lagen und darin sammelte sich auch das Wasser. Der Kehlgraben befand sich mitten auf der Anhöhe Richtung Pfuhlsborn und Utenbach. Von diesem Berg her lief das Wasser in diesem Graben zusammen und lief wiederum in einem Graben talwärts bis zu den Bahnschienen und dort am Feld entlang, unter der Straße, (nach Pfuhlsborn), durch. Vereinigte sich mit dem Wasser, das von der kleinen Linde kam und weiter unter der Bahnbrücke am Feldweg am Dorfende an der Tischlerei Carius vorbei in Richtung Ilm lief. Der Graben ging an dem Feld vom Bauern Heiland und weiter an der Tischlerei Carius vorbei. Vor der Werkstatt teilte er sich nochmal und ein Teil wurde Zufluss zum Dorfteich. Der Abfluss vom Teich lief dann wieder mit dem Hauptgraben zusammen zur Ilm.

In Obertrebra an der Straße zur Dorfmitte war der Stellmacher Kanold. Von seiner Hofeinfahrt an führte ein kleiner Anstieg zur Gaststätte und über die Ortsdurchfahrt zum Bäcker. Gleich hinter dem Grundstück Kanold führte ein schmaler Weg zwischen 2 kleinen Anhöhen zum Spritzenhaus. Hier hatte die Ortsfeuerwehr ihre Geräte und den Löschwagen stehen. Hinter dem Spritzenhaus war wiederum ein kleiner mit Gebüsch und Sträuchern bewachsener kleiner Hügel auf dessen oberen Stelle eine uralte Linde stand. Mitten zwischen diesen Gebüsch war ein Kriegerdenkmal, wo Einwohner ab und zu ein paar Blumen hin brachten.

Neben dem Spritzenhaus ging ein Weg zum Ortsausgang und zum Dorfschacht (Müllkippe). Hier ist die Straße, die vom Ortseingang aus Richtung Flurstedt, zur Mühle der Familie Kanter führte. Diese Straße wurde im Winter zum Schlittenfahren genutzt, weil sie sehr steil war. Man konnte auch von oben gesehen über den Wiesenhang von dem Feld des Karl Ehrhardt bis zur Straße und weiter zur Mühle rodeln. Wenn der Schlitten gut lief, rodelten wir bis in den Hof der Mühle, denn das große Tor stand immer offen. Ich erinnere mich, mein Sohn Fred war 4 Jahre alt geworden, es lag Schnee und wir fuhren Schlitten von diesem Hang auf die Straße. Als er beim zweiten Mal allein fahren sollte, stieß er gegen einen Pflaumenbaum, der am Hang stand. Er hatte sich den Kopf eingestoßen und weinte fürchterlich und wollte sofort nach Hause. Es dauerte Jahre, bis er wieder mal rodeln wollte.

Der Weg zwischen dem Saal der Gaststätte und Kanold wurde nicht allzu oft als Durchgang genutzt. Auf dieser Fläche wuchs Gras, deswegen durfte ich hierher mit unseren Enten und Gänsen gehen, damit sie hier das Grün fressen konnten. Wir Kinder haben auf dieser Freifläche gespielt, jeder brachte ein wenig Spielzeug mit. Waren Mädchen dabei haben wir oft Doktor und Patient gespielt. Mädchen hatten da schon mal so ein Doktorspiel, wo in dieser Tasche Instrumente, Binden und Heftpflaster waren.

Ich hatte schon mal erwähnt, dass zur Kirmes aber auch zu Pfingsten ein Karussell und auch Händler mit ihren Ständen da waren. Mit den paar Groschen, die wir uns beim Aufstellen der Kegel verdient hatten, kauften wir Lose. Hatten wir ein Gewinn, ließen wir uns so kleine Tabakspfeifen geben. Wir waren zu dritt, Rainer, Roland und ich. Wir sind dann zum Dorfausgang Richtung Flurstedt, dort war eine Hecke (Buchenhecke). Vor der Hecke bis zur Hauptstraße war eine Wiese, die gibt es nicht mehr. Hier hat noch zu DDR Zeiten ein Herr Hollmotz ein Wohnhaus hingebaut, das heute wohl dem Sohn und Tankstellenbesitzer gehört. Zur Kirmes war das Laub an der Hecke schon welk, wir pflückten die trockenen Blätter ab und stopften sie zerrieben in unsere gewonnenen Pfeifen und brannten sie an und pafften so wie die Großen. Da wo heute am Ortsausgang in Richtung Apolda die Tankstelle steht, war früher Feld und Garten. Der Garten gehörte damals einen Herr Putze und das Feld dem Bauer Hahnemann. Am Garten links vorbei führte ein Feldweg zu einer Kiesgrube, die nicht genutzt wurde.

Ich kann hier nicht verschweigen und möchte das auch nicht. Obwohl mir die Erinnerung immer ein schlechtes Gewissen bringt. Ich war da 11 Jahre alt.

Bei der Suche nach etwas Süßem in der Wohnzimmer – Vitrine fand ich ein kleines Büchlein, indem ein 20,00 Markschein lag. Sofort kam mir der Gedanke, das Mutter das Geld vergessen hat und gar nichts mehr davon weiß. Also behielt ich das Geld, nahm meine Freunde mit und wir gingen in unseren Dorfkonsum einkaufen. Ich kaufte Bonbons und Limonade für Jeden. Bestimmt zwei Wochen später, zum ersten des neuen Monats wollte Mutter die Miete an den Hauswirt Trautermann zahlen. Sie nahm das Mietquittungsbuch heraus und stellte fest, dass der 20,00 Markschein für die Miete des neuen Monats nicht drin war. Meine Schwägerin Erna war gerade zu Besuch bei uns. Mutter erzählte ihr das alles und was das für sie bedeutete. Das Geld war weg. Das alles hörte ich und wusste sofort, das die 20,00 Mark, die ich weggenommen hatte, dieses Mietgeld war. Ich habe auf einmal gro0e Angst bekommen, weil ich dachte, wenn das herauskommt, bekomme ich ganz viele Schläge. Meine Angst wurde so groß, ich wusste keinen Ausweg mehr. Ich ging in die Bodenkammer, fand da Vaters Gürtel und hängte mich damit an der Kammertür auf. Die liebe Erna suchte mich auch in diesem Moment und kam hoch und sah mich mit dem Gürtel an der Tür hängen. Sie rief nach der Mutter und machte mich sofort los. Mutter wusste bestimmt nicht, was sie tun sollte. Sie haute mir kräftig den Hintern voll. Ich gestand Beiden, das ich es war. Ich hatte nicht ein bisschen darüber nachgedacht, warum wohl das Geld da in dem Büchlein lag und warum es überhaupt in diesem Schrankfach lag und das man so etwas nicht tut.

Der Dorfkonsum war mit im Wohnhaus des Bauern Schmerbauch und hatte einen eigenen Zugang. Hier konnte man alles kaufen, was so zum Leben gebraucht wurde. Ich kann mich erinnern, Mutter schickte mich zum Einkauf und manchmal sollte ich Milch mitbringen. Dazu hat sie mir eine kleine Milchkanne mitgegeben und die Verkäuferin hatte mit einem Litermaß mir die Milch darin abgemessen. Den Konsum konnte man gut erreichen, er war mit in der Nähe des Dorfteiches und unseres Dorfbrunnens, an dem auch eine Linde stand. Hier war übrigens ein beliebter Treffpunkt von uns Kindern und abends der Dorfjugend.

Als Kinder bekamen Karl Heinz und ich zu Weihnachten fast nur Bekleidung, die wir auch wirklich benötigten. Dazu gab es einen sogenannten bunten Teller. Der war aus Pappe mit Weihnachtsmotiven. Auf diesem lagen meistens 2 Äpfel, einige Wal – und Hasennüsse, 1 Apfelsine, selbstgebackene Plätzchen und ein paar Süßigkeiten. Einen solchen bunten Teller bekamen alle. Nur für die Eltern gab es diesen nicht.

Mutter hatte für den Vater und für sich ein paar solche Dinge in einer Schüssel zurecht gemacht. Doch sie haben davon kaum etwas gegessen. In weiß nur, das Karl Heinz und ich unsere Teller schon nach wenigen Tagen geleert hatten, und dann haben wir uns an den Leckereien aus der Schüssel bedient.

Wir zwei stritten uns oft. Ich war damals ja wirklich ein Angsthase, habe aber oft die „große Klappe". Mein drei Jahre älterer Bruder hat sich von mir nichts gefallen lassen. Wenn er glaubte, dass Mutter uns nicht sah, zahlte er mir alles heim. Das heißt, er beschimpfte mich, kniff mich und haute auch mal zu. Ich wurde abends gegen 19.00 Uhr ins Bett geschickt, nachdem ich mich gewaschen hatte und ich für die Nacht vorbereitet war. Da ich ja in der Bodenkammer zu dieser Zeit noch geschlafen habe, musste ich etwa 12 Stufen nach oben gehen. Da es in der Zeit ab November meist schon dunkel war, hatte Vater auf der Treppe Licht gelegt mit einem Wechselschalter. Wenn ich nach oben ging und das Licht eingeschaltet hatte, kam Karl Heinz mir hinterher. Wenn ich in etwa die Hälfte der Treppe erreicht hatte, machte er unten das Licht aus. Ich schrie natürlich los und heulte. Mutter kam, machte das Licht wieder an und schimpfte mit meinem Bruder, ich glaube auch behaupten zu können, das er auch mal Ohrfeigen bekam. Dann, wenn er ins Bett kam, hat er mich dafür auch wieder gepiesackt. Das geschah einige Male so.

In meiner Erinnerung wird immer bleiben, wie bei mir das Frühstück in der Zeit zwischen dem 4 – 12 Lebensjahr meistens ablief. Auf dem Küchenherd stand auf der Seite immer eine Blechkanne mit Malzkaffee. Zum Frühstück bekam ich 2 Scheiben Brot, auch oft schon leicht hart und dazu eine hohe große Tasse. Das Brot wurde in kleine Stücke gerissen und in die Tasse gebrockt, darüber kam Malzkaffee und ich bekam dazu 1 – 2 Süßstofftabletten. Wir nannten das Eingebrocktes. Später erfuhr ich von Apoldaern, die aßen das früher auch und nannten das Strickergoulasch.

Wenn wir Durst hatten, zeigt die Mutter auf diese Kaffeekanne und forderte uns zum Trinken auf. Zucker gab es so gut wie gar nicht. Es gab damals bis 1958 noch Lebensmittelmarken. Da wir Milch brauchten und Mehl, am Anfang auch mal ein paar Eier zum Backen, tausche Mutter Fleisch-, Fett- und Zuckermarken bei den Bauern für diese Dinge ein. Im Sommer, wenn wir aus der Schule kamen und Durst hatten, habe ich oft Wasser aus der Leitung getrunken. Die Wasserleitung war auf dem Flur, es war unsere einzigste Wasserleitung in dem Haus, wo wir allein wohnten im Grundstück Nr. 13. Bekam Mutter mal Weizen – oder Gerstenkörner, wurden diese in einer alten Kaffeemühle mit Mahlwerk gemahlen.

Wenn unsere Mutter auch mit Haferkörnern nach Hause kam, dann wurden diese dort gemahlen oder zerrieben und wir bekamen dann diese als Haferflockenbrei oder auch Suppe davon zu essen. Unser Papa aß gern mal Kuchen oder wenigsten Brötchen. Deswegen wurde von der Mutter gern ein Rührkuchen gebacken oder wenn es Pflaumen gab, hatte sie einen einfachen Hefekuchen gefertigt und die Pflaumen darauf in Stücke verteilt, auf den Teig gelegt und Kuchenstreusel darüber. Sie hatte eine elektrische Backform in der Kuchen gebacken wurde. Da Vater auch an den Sonntagen mit zu Mittag aß, kochte Mutter Pflaumenknödel. Hierzu brauchte sie auch einen Hefeteig, Handteller große Stücke wurden abgetrennt, breit gedrückt, eine entsteinte Pflaume darin eingewickelt. Die wurden dann im Wasser gekocht, zu Mittag verteilt auf die Teller. Dazu hatte sie Margarine ausgelassen und Zucker reingegeben. Das wurde dann heiß über die Klöße gegeben. Bei uns hieß das Pflaumenknödel. Sie buk auch ganz gern mal Buchteln.

Dazu wurde ein Hefeteig zubereitet (mit Zucker), auch hier Stücke abgetrennt, breit gedrückt, und wurde mit Pflaumenmus gefüllt. Dann wurde die elektrische Backform benutzt, diese mit Margarine kräftig eingerieben. Aus den Teigstücken, die nun mit Pflaumenmus gefüllt waren, wurden zu einer Art Kugel geformt und in diese Backform gegeben. So kamen in eine solche Form ca. 10 – 12 solche Stücken rein. Die Zwischenräume wurden mit Oel bestrichen, bevor diese Teigstücke aneinander gelegt wurden. Das bestreichen mit Oel war notwendig, sonst hätten sich die einzelnen Stücke miteinander verbunden. Durch das Oel konnte man jedes Stück einzeln entnehmen. Das wurde dann in der Backform gebacken und als Kuchen gegessen.

Vater bekam für seine Arbeit bei den Bauern kein Geld, er wurde mit Getreide, Futter für unsere Tiere, Milch, Mehl und manchmal auch mit Wurst bezahlt. Da wir später auch ein kleines Feld hatten, bekam er dann an den Sonntagen auch mal einen Pflug und ein Pferd ausgeliehen. Manchmal hat Mutter das Mehl zum Dorfbäcker gebracht, der es abgewogen hat und wir konnten dann bei ihm frisches gebackenes Brot billiger kaufen. Ein solches Vierpfundbrot kostete oft nur 50 Pfennig. Ohne diese Mehlabgabe 98 Pfennig. Leider geschah es auch einmal, das die sogenannten Kunden zu Hause das Mehl mit Gips vermischten und der Bäcker dies leichtsinnig mit in seinen Backtrog tat und den Teig zubereitete und das Brot nicht mehr essbar war. Ich habe ja das Brot oft auch beim Bäcker holen müssen, manchmal konnten wir nicht bezahlen und die Bäckermeisterin hat es angeschrieben. Das Brot war oft noch warm und roch verführerisch. Auf dem Nachausweg habe ich dann so manches kleine Eckchen davon abgebrochen und gegessen.

Mutter sagte dazu manchmal was, meistens hat sie es so hingenommen. Zu Hause gab es in den Anfangsjahren Margarine aufs Brot und etwas Salz. Später als wir eine Ziege hatten, kam dann auch Butter aufs Brot. Die Milch der Ziege, es kamen am Tag 5 – 8 Liter zusammen, wurde abgeliefert, dafür erhielten wir Molke und manchmal Butter.

Als es langsam und sicher auch in unserer Familie etwas vorwärts ging, durften auch schon mal Brötchen eingekauft werden beim Bäcker. Ein kleines Brötchen kostete da 5 Pfennig, ein doppeltes Brötchen 10 Pfennig. Wenn sich mir die Gelegenheit bot, habe ich gern mal ein halbes doppeltes Brötchen ausgehöhlt, in das Innere Zucker eingefüllt, darüber etwas Wasser gegeben, damit der Zucker beim Zubeißen nicht verloren ging. Das hat mir sehr gut geschmeckt.

Der Bäcker hatte in seiner Backstube einen sogenannten altdeutschen Ofen. Der wurde noch mit Kohle und Holz befeuert. Der Backofen hatte einen Boden aus Steinplatten, die durch das Feuer erhitzt wurden, die die Hitze auch teilweise 6 - 8 Stunden halten konnten. Von unseren einheimischen Bauern wurden ihre Kuchen auf großen runden Blechen zum Backen zu diesem Bäcker gebracht. Als Mutter dann zu bestimmten Gelegenheiten auch solche runden Kuchen backte, durfte ich das Blech mit dem Kuchen zum Bäcker bringen. Irgendwann danach hat Mutter zur Vorweihnachtszeit Striezel gebacken. Striezel werden aus dem gleichen Zutaten gebacken wie der Dresdner Stollen. Nur der Teig wird nicht als Rolle geformt und dann eingeschnitten. Der Teig wird beim Striezel in 9 gleich große Rollen ca. 70 – 80 cm lang geformt und in 3 Schichten aufs Blech gebracht. In der untere Schicht werden 4 große Rollen geflochten, die mittlere Schicht werden 3 Rollen mit einander geflochten und auf die untere Schicht gelegt. Die restlichen zwei Rollen werden auch miteinander verdreht und obenauf gelegt. Nach einer Garzeit von etwa 30 – 40 min können sie dann etwa 90 min gebacken werden. Nach dem Backen werden sie mit zerlaufener Butter dick bestrichen, darüber kommt klarer Zucker und als letztes Staubzucker mit einem feinen Sieb darüber gestreut. Stollen wie Striezel sollten dann wenigsten 3 Monate unter Luftabschluss gelagert werden.

Als ich noch nicht zur Schule ging, hatte Mutter im ASW (Apoldaer Strick – und Wirkwaren) als Heimarbeiterin begonnen. Sie stricke Damenjacken und hat diese mit Röschen und anderen Blumen und Blättern bestickt. Alle älteren Geschwister, die schon in die Schule gingen, wurden beauftragt, die Ware zurück in den Betrieb zur Ablieferung zu bringen. Sie brachten dann neue Aufträge und die Wolle wieder mit zurück. Schwester Traudel stellte sich oft hinter die Mutter und beobachtete sie, wie diese mit Strick – und Häkelnadeln umging.

Sie traute sich das selbst zu und hat der Mutter bei der Fertigung der Aufträge geholfen. Ich war dann schon zur Schule gegangen und stellte fest, wenn Mutter ihre hergestellte Ware selbst nach Apolda brachte, hat sie sich manchmal eine bunte Illustrierte mitgebracht. Kurz bevor ich mich freiwillig zur Armee verpflichtete, gab Mutter die Heimarbeit auf und arbeitete als Näherin im Werk Apolda, Bahnhofstraße / Dornburgerstraße bis zur Berentung. Sie erhielt monatlich 360,00 Mark Rente. Diese Zeitschriften, die sie sich kaufte, las sie auch gründlich zu Hause durch. Was mich dabei erstaunte, das sie sich sehr für Schwangerschaftsverhütung interessierte. Ich habe das nur daraus entnommen, wir hatten mal Besuch von einer Frau Melanie Scholz, der sagte sie: „Wenn ich das alles Lese, welche Möglichkeiten es gibt eine Schwangerschaft zu verhindern. Wenn das alles schon früher gegeben hätte, wäre ich höchstens 3 – 4 mal Mutter“. Danach war ich meiner Mutter sehr böse, weil mir klar wurde, das ich dann nicht da wäre und Karl Heinz auch nicht. Es kann durchaus sein, das ich von da etwas garstiger zu ihr war.

Mein Vater hatte, nachdem er einigermaßen wieder auf den Beinen war, in Flurstedt bei dem Zimmermeister Reinhardt als Zimmermann gearbeitet. Der Meister hat ihn sehr großzügig unterstützt, wenn er für den täglichen Bedarf oder für den Haushalt , zum Beispiel eine Badewanne, eine Wanne zum Wäsche waschen, Bretter zum Ausbau unserer Wohnung und zum Aufbau eines Stalles benötigte. Er arbeite aber auch so lange, wie er benötigt wurde. Verdienen tat er nicht viel, 40,00 Mark pro Woche Brutto. Deshalb beendete er dort sein Arbeitsverhältnis nach 4 Jahren und begann im Waggonbau Weimar als Zimmermann und danach als Schlosser. Da zu dieser Zeit noch Ende der 40ziger und 50ziger Jahre die Züge nicht pünktlich fuhren und manchmal sogar ausfielen, musste er einige Male von Weimar aus nach Hause laufen, das war ein Fußmarsch von 5 – 6 Stunden. Wenn er großes Glück hatte, hat er in Oßmannstedt noch einen Zug erwischt. Man denke daran, wann er zu Hause war und wieder mit dem ersten Zug gegen 05.00 Uhr wieder weg fahren musste zur Arbeit. Bald darauf konnte er noch Ende der 50ziger Jahre diese Tätigkeit beenden und nahm in der damaligen MAS (Maschinen – Ausleih - Station) die Arbeit auf. Zu dieser Zeit kamen die Melkanlagen (für die Kühe) auf. Er besuchte einen Lehrgang in Mihla und bekam die Qualifikation zum Bau dieser Anlagen bei den LPGs (Landwirtschaftliche Produktionsgenossenschaft). Als er zurück vom Lehrgang kam, wurde er in seinem Betrieb als Leiter der Melkanlagenbrigade eingesetzt. Sein Chef war damals in Niedertrebra Ewald Nohle.

Vater war seit 1953 Mitglied der LDPD (Liberal Demokratische Partei Deutschlands). Seine Partei hatte 1962 die Bürgermeisterwahl gewonnen und er wurde als Bürgermeister eingesetzt. Es war auch keiner weiter da und bereit.

Das hielt er aber nervlich nicht lange durch und beendete diese Tätigkeit nach 3 Jahren. Er wollte wieder als Melkanlagenbauer in der MTS (Maschinen Traktoren Station) früher MAS arbeiten. Man hatte ihm aber den jungen Ingenieur Kurt Grosser aus Niedertrebra vorgesetzt. Er wollte nicht unter einen ehemaligen Mitarbeiter arbeiten. Sein früherer Chef Ewald Nohle war zwischenzeitlich als Betriebsdirektor der MTS Apolda / Heusdorf eingesetzt worden. Zusammen mit seinen ehemaligen Mitarbeiter und Kraftfahrer Kirsche aus Eberstedt hat er eine Arbeit in der MTS Apolda / Heusdorf aufgenommen. Hier blieb er bis zur Berentung im Jahr 1974.

Mit 11 Jahren, bin ich gern zu dem Bauern Heiland gegangen und habe im Kuh– und Pferdestall beim Ausmisten geholfen. Während der

Getreideernte fehlte jemand, der den Traktor, es war ein Primus mit Glühkerzenzündung, fuhr. Der Bauer fragte mich, ob ich mir das zutrauen würde. Ich bin schon immer gern mit dem Traktor mitgefahren und habe hinter dem jeweiligen Fahrer gestanden und zugesehen, wie man fährt. Er zeigte mir auf dem Getreidefeld, wie man kuppelt, Gänge einlegt, Kupplung loslässt und anfährt und bremst. Natürlich war ich noch zu klein, um richtig die Kupplung durchzutreten und die Fußbremse zu betätigen. Ich habe mich am Lenkrad festgehalten, bin nach vorn gerutscht, um Kupplung und Fußbremse bedienen zu können. Deshalb kam es auch dazu, dass ich die Kupplung zu schnell losgelassen oder die Fußbremse zu stark durchgetreten hatte. So kam es, dass die Leute auf der Fuhre auch umfielen und mit mir schimpften. Dabei wären sie beinahe vom Fuder gefallen.

Meine älteren Geschwister mussten schon ab 1945 über Nacht bei fremden Leuten im Dorf schlafen und dort teilweise auch Essen, weil in der uns zugeteilten Wohnung nicht genügend Schlafgelegenheiten vorhanden waren. Als mein Bruder Willi 1946 aus der Gefangenschaft kam, er war bereits zu seinem 16. Geburtstag zur Wehrmacht eingezogen worden, hat er eine Arbeit im Waggonbau Weimar erhalten und vom Betrieb ein Zimmer in Weimar bekommen. Die Schwestern Traudel und Elli haben bei der Frau Hedwig Kunze im Oberen Dorf und Herbert bei der Familie Reinhardt gegenüber geschlafen. Nur Karl Heinz und ich schliefen bei den Eltern mit im Zimmer. Das war noch im Haupthaus Nr. 13. Karl Heinz durfte zum Mittagessen zu der älteren Familie Riemann gehen, die im Hinterhaus wohnten. Vorn im Haus wohnte ihr Sohn Fritz mit Familie. Immer wenn es dort heiße Suppe gab, lief meinem Bruder die Nase und er wollte sie putzen. Das hat man ihm beim Essen verboten.

Gegenüber dieser Familie, neben dem Dorfteich wohnte Familie Köber, die für uns schon sehr alt waren. (Das sind diejenigen, die ich mit anderen Jungen zusammen geärgert hatte). Herr Köber war schon

Rentner, hatte früher eine Fahrradreparaturwerkstatt. Hat aber für die Leute weiterhin ihre Fahrräder repariert. Karl Heinz ging da gern hin und half dort bei diesen Arbeiten. Herr und Frau Köber hatten einen Sohn, der in Apolda wohnte und sie sahen sich sehr selten. Karl Heinz wurde da aufgenommen, wie der eigene Sohn.

Etwa 30 m von dem Haus, wo wir wohnten, war damals auf der anderen Straßenseite der Bauer Steiniger. Er war Witwer und hatte eine Tochter Irmgard. Das Grundstück war sehr groß und reichte bis an die Ilm und danach noch weiter. Das Hoftor zu diesem Grundstück stand fast immer offen und man sah einen großen Misthaufen mitten darin und davor war eine Hundehütte aus Holz, an dem ein Schäferhund angekettet war. Dieser Hund wurde sehr wütend und bellte wie verrückt, wenn er Jemanden sah, der im Hofeingang stand oder in das Grundstück wollte. Ich traute mich als Kind da nicht rein, ich hatte Angst das er sich losreißen könnte, so wütend zerrte er an seiner Kette. Zu dieser Familie kam manchmal Besuch aus Apolda, da war auch ein Junge mit dabei, der etwa so alt wie ich selbst war. Weil ich mit ihm spielen wollte, ging ich auch mit auf den Bauernhof, trotz des Hundes. Wir spielten zusammen auf diesem riesengroßen Grundstück. Vom Hof aus ging es durch die Scheune in den hinteren Teil, wo Hühner, Gänse, Enten und Schafe waren. Danach kam noch ein großer Garten, der bis an die Ilm reichte. Hinter der Ilm ging das Grundstück weiter, da war eine Koppel für die Pferde und danach eine große Wiese, an deren Ende an einer Weggabelung ein großer Strohschober (Strohdieme) stand. An dieser Stelle soll schon seit ewigen Zeit der Strohschober gestanden haben und man erzählte sich einen Witz:- „Eine Bauersfamilie hatte eine etwas beschränkte Tochter im Alter von 17 – 18 Jahren. Weil sie ständig aus dem Haus und in der näheren Gegend des Dorfes umher lief, hat ihr die Mutter Angst gemacht und gesagt, wenn du unterwegs bist und Kraniche oder Störche siehst, verstecke immer den Kopf, solche Vögel hacken dir das Gehirn aus. Zu dieser Zeit soll das Tragen eines Schlüpfers noch nicht in Mode gewesen sein. Eines Tages war sie auf der Wiese mit diesem Strohschober, als ein Storch gerade über sie hinweg fliegen wollte. Ihr fiel die Mutter ein und was diese ihr gesagt hatte, sie rannte zum Strohschober und vergrub ihren Kopf im Stroh. Zufällig soll ein junger Bursche vorbei gekommen sein und hat das als Einladung empfunden. Als das Mädchen merkte, dass in ihr etwas vorging, soll sie gesagt haben: Immer hacke, hacke, bis ins Gehirne kommst du doch nicht!" -

Ich traute mich dann auf diesem Hof, weil ich ja mit dem Jungen spielen wollte. Wir beide tobten dann mal im vorderen Hof umher und der Junge kam dabei dem Hund zu nahe. Dieser sprang ihn an und biss ihm in die linke Wange. Da wir geschrien haben, kamen die Erwachsenen und trennten den Hund von dem Jungen, das gar nicht so einfach war. Den Jungen brachte man ins Krankenhaus nach Apolda, wo er operiert wurde. Ich kann mich nicht erinnern, ob ich ihn nochmal als Kind gesehen habe. Vor längerer Zeit begegnete mir ein Mann in Apolda im Stadtgebiet, der eine solche Narbe im Gesicht hatte. Er war es ganz bestimmt. Ich konnte ihm da nicht ansprechen, da ich mit einem anderen Mann in Apolda unterwegs war.

Wenn ich Gelegenheit hatte, habe ich gern Kuchen und Wurst gegessen. Mutter hat da manchmal erwähnt, das ich von beiden Eltern etwas abbekommen hätte. Vom Vater , der gern Kuchen und Süßes aß, von der Mutter den Appetit auf Wurst. Ich hatte ja als Kind sehr stark gestottert. Mutter schickte mich manchmal auch in die Fleischerei Hahn in der Nähe des Dorfteiches und oben am Hang, von dem wir im Winter Schlitten runter fuhren. Ich habe dort meistens nur stückchenweise Wurst holen sollen. Die Schwiegertochter des Fleischermeisters war die Verkäuferin. Ich sollte da mal ein Stück Knackwurst holen (andere sagen dazu grobe Mett). Aufgrund meines Stotterns brachte ich dieses Wort nicht heraus und blieb schon beim Kn – Kn-Kn – Kn hängen. Dann sagte ich: Schei – Scheiße, geben sie mir Leberwurst. Mutter verstand mich diesmal und hat nicht geschimpft.

Ich war bestimmt noch keine 12 Jahre alt, da erzählte sie mir, als wir noch in Warnsdorf wohnten, da war sie in Großschönau zum Einkaufen. Dort hatte sie bei einem Fleischer auch 2 Knackwürste eingekauft. Als sie auf dem Rückweg war, bekam sie einen riesengroßen Appetit auf diese Wurst und aß beide auf.

Es wurde mir auch bekannt, das sie immer noch gern Wurst isst. Wenn sie in Apolda in der Bahnhofstraße an der Bockwurstbude der Familie Schaaf vorbei ging, konnte sie nicht anders. Sie musste dort eine Wurst essen. Mir ging es dann später auch so, während meines ersten Lehrjahres, die Ausbildungsstätte war in der Erfurterstraße In Weimar. Ich musste auf dem Weg vom Bahnhof bis zur Lehrbäckerei an 3 Bratwurstständen vorbei – am Bratwurstglöckchen- neben dem Russischen Hof ein Stand und gegenüber dem Nationaltheater.

Als Vater den Holzschuppen für die Ziege, die Hühner und für den Handwagen gebaut hatte, wurde ein kleiner Stall frei. Hier brachte Vater ein Ferkel mit, das wir großfütterten. Das Schweinchen wurde von uns so verwöhnt, das es sich vor uns hinlegte und sich auf den Rücken kullerte und ließ sich von uns seinen Bauch streicheln. Wir hätten gar nicht aufhören brauchen, so hat es der Sau gefallen. Obwohl wir Kinder es sehr gern hatten, ließ Vater es schlachten und aus dem Schwein wurde Wurst und Fleisch sowie Wurstsuppe gemacht.

Die Tochter des Bauern Steiniger ehelichte den Fritz Rösel, der auf dem Bauernhof arbeitete. Aus dieser Ehe gingen die Kinder Horst und Ilona hervor, die beide mit ihren Partnern in diesem Haus noch wohnen. Der Horst hatte auf der LPG gearbeitet und nach 1990 noch in der Agrargenossenschaft. Der Arzt untersagte ihm dann wegen eines Leidens diese schwere Arbeit und so nahm er in unserer Wachfirma als Wachmann eine Tätigkeit auf. Hier lernte er seine Freundin kennen und hat mit seiner Partnerin in unserer Wachfirma im Pförtnerdienst gearbeitet bis zur Berentung. Welcher Tätigkeit seine Schwester Ilona nachging, weiß ich nicht, ich habe sie aber schon ein paarmal getroffen und wir haben uns unterhalten. Hier in diesem Bauernhaus hat meine Schwester Traudel mit Familie 3 Jahre in einer 2 Zimmerwohnung gewohnt, Bad gab es keins, in der Küche war kein Wasseranschluss, der war unten im Erdgeschoß und der Abort war auf dem Hof, ca. 10 m vom Haus entfernt neben dem Kuhstall, es war kein WC. Ich kann mich erinnern, dass mein Schwesterchen mir bei einem Besuch erzählte, dass es hier viele Mäuse gibt,“ stell dir nur von, unsere Ines hatte sogar eine Maus mal in der Hand, die beim Schlafen auf ihrem Bett umhergelaufen war“. Das Kind hatte sich nichts daraus gemacht, aber die Mutti ekelte sich und hatte Angst vor Mäusen.

Mein Bruder Willi hatte am 26. Juni 1949 die Erna Gaudig geheiratet. Zu dieser Zeit wohnte Erna bereits in Schönburg bei Naumburg. Es war ein kleines Haus mit Scheune und einen Hof, der leicht zum Nachbarn geneigt war(Hanglage). Dieses Grundstück befand sich direkt unterhalb der Burg, (Schönburg). Nach dem Tag der Hochzeit hatte ich ja meinen 6. Geburtstag und wir durften auch auf dem Burggelände spielen mit den anderen Kindern, die zur Hochzeit mit eingeladen waren. Im Jahr 2019 feierten sie ihr 70jähriges Ehejubiläum wieder in Schönburg auf der Burg, wir waren dabei. Willi und Erna sind nun beide 95. Jahre alt geworden. Er am 23.12.2023 und sie am 19.02.2024. Willi ist am Star erblindet und kann wirklich nur noch hell / dunkel unterscheiden.

Mein Bruder Willi mit seiner Ehefrau Erna nach ihrem 60. Hochzeitstag

Sie haben fünf Kinder, der älteste Hans – Jürgen war Meister in einem Stahlwerk in Ilsenburg, wo er auch mit seiner Familie wohnt, sie haben 2 Kinder, einen Jungen und 1 Mädchen. Er ist jetzt auch schon 75 Jahre alt. Seine Schwester Roswitha hat viele Jahre in Frankfurt / Oder mit ihrem Mann Karsten Köster gewohnt. Sie haben eine Tochter, die Beamtin in Niedersachsen ist oder war. Nach der Scheidung zog meine Nichte in die Nähe ihrer Tochter. Sie war vorher in Frankfurt / Oder bei der Stadt als Beamtin tätig und ist jetzt Rentnerin. Die jüngere Schwester Sabine heiratete ihren Norbert und haben zusammen eine Tochter und wohnen in Leipzig. Er hatte in Leipzig eine Hausverwaltungsfirma und sind Beide ebenfalls Rentner. Der Sohn Uwe war verheiratet und hat eine Tochter. Die geschiedene Ehefrau ist danach mit der Tochter in die alten Bundesländer verzogen. Uwe hat zu seiner Tochter noch gute Kontakte. Er selbst hat jetzt eine Partnerin und wohnt mit ihr zusammen in der Nähe der Eltern. Das Nesthäkchen Andreas ist Tischlermeister und hatte sich nach der Wende einen eigenen Betrieb aufgebaut. Er hatte sich vor allem auf den Bau und Einbau von Theken in Gaststätten spezialisiert. Aber die Kunden konnten oder wollten diese nicht bezahlen und so musste er Insolvenz beantragen. Hierdurch kam es zur Scheidung. Er hat dann viele Jahre noch als Tischler bei anderen Meistern gearbeitet. Er wohnt wie Uwe auch in der Nähe der Eltern. Beide Jungs kümmern sich sehr aufopferungsvoll um ihre Eltern. Sie kaufen für sie ein, fahren sie zu Arztbesuchen. Zu meinem 80. Geburtstag brachte Uwe und Andreas ihre Eltern zur Feier am 01. Juli 2023 nach Schwabsdorf in die Gaststätte „ Drei Linden“.

Meine Schwester Waltraud war mit dem Wolfgang Hahn aus Obertrebra verheiratet und haben zusammen 2 Töchter.

Beide Töchter sind im Krankenhaus in Apolda geboren, aber die Eltern wohnten da noch in Obertrebra bei Rösel. Sie bekamen eine Neubauwohnung in Apolda und wohnten hier bis zum Jahr 2014. Weil Traudel pflegebedürftig war, nahmen sie sich ein Zimmer im Carolinenheim in Apolda. Hier verstarb sie am 27.Okt. 2017. Ein Jahr später verstarb auch ihr Mann im 84zigsten Lebensjahr. Ihre Tochter Sylvia war in Apolda mit einem Klempner verheiratet und haben gemeinsam einen Sohn Andre‘. Nach der Scheidung zog Sylvia nach Baden – Würtemberg, wo sie als Fleischverkäuferin tätig war. Sie hat eine kleine 2 Zimmerwohnung bezogen die in der Nähe ihres Sohnes ist, er ist als KFZ.-Ingenieur tätig. Ihre Schwester Ines wohnt mit Ihrem Ehemann Frank in Sulzbach. Dort haben Beide ein kleines Wohnhaus. Sie haben einen Sohn - Michael. Ines Ramona hat viele Jahre als Fleischverkäuferin für die Firma Bennewitz gearbeitet. Danach hat sie als Wachfrau in der Firma meines Sohnes gearbeitet bis zur Insolvenz.

Meine Schwester Elli lernte ihren späteren Ehemann Karl Thormann in Gröbzig bei einem Besuch ihrer Tanten Marie und Liesbeth (genannt Liesl) kennen. Für die Hochzeit benötigte sie damals die Erlaubnis unserer Eltern, die sie bekam. Sie haben zusammen 2 Kinder, die ältere Gudrun, die Verkäuferin wurde und die Kerstin, die bei der Sparkasse arbeitete und dann noch Leiterin der Sparkasse in Gröbzig war. Elli selbst arbeitete in Gröbzig in der Spinndüsenfabrik, Karl in Köthen im Betonwerk. Gudruns Ehemann verstarb vor 2 Jahren. Sie hatten einen Sohn, der Musiker werden wollte. Kerstin ließ sich scheiden und zog nach Köthen, wo sie ihren jetzigen Ehemann Klein kennenlernte. Sie hat eine Tochter.

Herbert war gelernter Maschinenschlosser, war einige Jahre auf Montage und lernte in Obertrebra zur Kirmes / es kann auch Pfingsten gewesen sein, die Christa Möller kennen, die bei ihrer Schwester Ruth zu Besuch war. Sie heirateten kurz darauf und wohnten eine Zeitlang bei ihren Eltern. Sie erhielten in Bad – Blankenburg eine 4 Zimmer Neubauwohnung mit Küche, Bad und großem Keller. Gemeinsam haben sie 3 Kinder. Das älteste ist der Klaus Dieter, er wurde Klempnermeister und lernte bei der Arbeit im Thüringer Obertrikotagenkombinat seine spätere Frau kennen. Sie haben 4 Kinder. Dabei ist ein Sohn aus einer ersten Ehe, die anderen 3 sind alles Mädchen. Sie wohnen in Königsee, wo Klaus Dieter ein eigenes Klempnergewerbe betrieb bis zur Berentung. Hans Joachim wohnte in Bad-Blankenburg in einer Lebensgemeinschaft mit einer Frau. Er war verheiratet und jetzt geschieden. Ihre Schwester Simone ist Beamtin in Coburg und lebt mit einem Mann in Partnerschaft.

Meine Geschwister mit ihren Partnern in meinem Garten

Karl Heinz wird im Juli seinen 84. Geburtstag begehen. Er war gelernter Bauschlosser, nach der Lehre auf Montage, studierte nebenbei und wurde Maschineningenieur. Nach der Scheidung der ersten Ehe, heiratete er 1971 seine jetzige Frau Christel, die auch geschieden war und 2 Buben hat. Der ältere Hans Ewald, er wohnte mit seiner Frau und den beiden Kindern in Katzhütte. Sie arbeitet im Küchenstudio Ehle in Katzhütte. Er war sehr krank und half bei der Firma Ehle die Küchen bei den Kunden einzubauen. Er starb 2023 an den Folgen seiner Erkrankung. Franko der jüngere wohnte mit im Haus der Eltern und heiratete die Frau Rena. Beide eröffneten ein Bettengeschäft in Salzungen. Franko verstarb noch 3 Jahre vor seinem Bruder. Seine Frau führt des Bettengeschäft Rena Büttner nun allein.

Ich möchte hier noch etwas zu meinem Schwager Wolfgang sagen. Er wurde 1935 in Reisdorf bei Apolda geboren. Seine Mutter war da noch ledig und lernte ihren späteren Ehemann kennen, von dem sie schwanger wurde. Sie schämte sich auf dem Dorf, das sie ein lediges Kind bekam. Das ließ sie den Jungen nach der Geburt auch spüren. Er erzählte mir oft aus dieser Zeit. Nach der Hochzeit der Eltern zogen sie nach Obertrebra, wo der Vater beim Kohlehändler Ehrhardt arbeitete. Sie bewohnten ein kleines Häuschen im Hinterhof der Tischlerei Alfred Hill. Er lernte als Täschner im VEB Lederwaren Apolda und wurde später Vorsitzender der Gewerkschaft IG TEBELE (Textil-Bekleidung-Leder). Er hat noch 4 Geschwister, den Walter, den Rolf, die Regina und die Christine. Durch die Ehe meiner Schwester Waltraut und dem Wolfgang, wurden ja diese seine Geschwister alle meine Schwager bzw. Schwägerinnen. Deswegen möchte ich auch auf diese eingehen. Walter wurde Fleischer und heiratete eine Frau aus Apolda, bei der er bis zur Scheidung auch wohnte. Nach der Scheidung soll er im FDGB (Freier Deutscher Gewerkschaftsbund) eine Funktion inne gehabt haben. Nach 1990 hat man von ihm nichts mehr gesehen. Er schrieb seinem Bruder Wolfgang einmal eine Karte, die aus Bayern kam. Sonst nie wieder etwas. Rolf wurde Drechsler, diesen Beruf übte er sehr gern aus. Er lernte eine junge Witwe kennen. Sie blieben Beide zusammen bis zu seinem Tod. Regina war Näherin geworden und lernte beim Tanz den Rudolf Laube aus Flurstedt kennen. Sie heirateten und wohnten in ihrem Haus in Obertrebra. Sie bekamen eine Tochter, die arbeitete dann im Hotelgewerbe. Nach kurzer schwerer Krankheit verstarb Rudolf und wurde in Obertrebra beigesetzt. Er hat in Flurstedt einen Bruder. Christine war auch Näherin geworden und lernte den Stricker Herbert Ellinger in Obertrebra kennen und Beide heirateten auch. Ihre ältere Tochter Silke ist in Flurstedt verheiratet, die jüngere Tochter heißt Petra und wohnt mit im elterlichen Haus. Herbert, der Vater, kam nach der Wende nicht damit klar, dass er keine Arbeit mehr fand. Er hatte von seiner Oma Ellinger in Obertrebra einen kleinen Bauernhof geerbt, den er bewohnte aber nicht bewirtschaftete. Die ganzen Umstände führten dazu, das er erkrankte und sich nicht mehr erholte. Vor 4oder 5 Jahren verstarb er. An diesen Schilderungen erkennt man, auf welchen Wegen man miteinander verschwägert ist. Herbert war mein Jugendfreund bis zu meiner Hochzeit, da wo er war, war auch ich.

Ab 01. September 1957 nahm ich eine Lehre als Bäcker im VEB Backwaren Weimar auf, der Hauptbetrieb war in der Buttelstedterstraße, nicht weit vom Waggonbauwerk weg. Meine Lehrbäckerei im 1. Lehrjahr war in der Erfurterstraße, mein Meister hieß Schober. Da ich Linkshänder war, hat er oft an mir rumgenörgelt, er konnte es nicht ersehen, das ich alles mit der linken Hand tat.

Das war etwas anderes, als wir auch Brot und Brötchen backen durften. Der Teig zum Brot wurde abgewogen, wir fertigten nur 3 Pfundbrote. Es wurden 2 solcher Teigstücke genommen und in jeder Hand geknetet und danach zur Brot geformt. Genauso war es bei den Brötchen. Da wir hier mit beiden Händen arbeiten mussten, konnte der Meister nichts sagen.

Ich konnte ja von Obertrebra nicht so ohne weiteres nach Weimar gelangen. Der erste Personenzug, der morgens ab Bahnhof Niedertrebra abfuhr, kam 05.50 Uhr, wenn er pünktlich war. So konnte ich immer erst gegen 07.00 Uhr in der Lehrbäckerei sein, ich brauchte vom Bahnhof Weimar bis zur Bäckerei in der Erfurterstraße auch 20 min. Mein Mitlehrling Ronald wohnte in Weimar und war schon 06.00 Uhr in der Bäckerei. So kam ich meistens nicht dazu, wenn der Backofen beheizt wurde. Zumal im Winter, wenn die Züge teilweise bis zu 1 Stunde Verspätung hatten.

Ja an die Winterhalbjahre kann ich mich gut erinnern. Der Zug fuhr ja am Bahnhof Niedertrebra ab. Der Bahnhof befand sich aber genau zwischen den beiden Orten Obertrebra und Niedertrebra. Das Bahnhofsgebäude war ein rotes Backsteinhaus. Wenn man hinein ging, kam man direkt zum Fahrkartenschalter. Hinter dem Fahrkartenschalter konnte man durch das Fenster das Stellwerk erkennen. Hier waren immer 2 Eisenbahner beschäftigt. Davon war einer für den Fahrkartenverkauf zuständig, der auch kurz vor der Abfahrt der Züge die Fahrkarten kontrollierte und ungültig knipste. Der andere war für das Stellwerk und für die Abwicklung des Güterverkehrs zuständig und gab den Zügen auch das Abfahrsignal. Er war auch für die Beförderung der Fahrräder und des Gepäcks zuständig.

Etwa ab Oktober begann die Zuckerrübenernte und deren Verladung. Zudem kam, das es ständig regnete. Die Bauern kamen mit ihren Pferdewagen oder Traktoren mit Anhänger mit dem Zuckerrüben vom Feld und brachten hier den Feldboden mit auf die Straße, teilweise war auf der Straße durch unseren Ort bis zum Bahnhof 2-3 cm Schlamm, der unbefestigte Gehweg sah da nicht anders aus. Hatte der Zug Verspätung, was im Winter fast täglich vorkam, drängten wir Wartenden alle in den Wartesaal, der rechts vor dem Fahrkartenschalter war. Der Wartesaal war zugleich auch ein Gastraum. Denn hinter dem Warte- oder Gastraum war ein abgeschlossener Raum mit Theke. Dahinter hatte die Wirtin ihre Küche, man konnte dort auch Bockwurst u.a. sich bestellen. Gewohnt hat die Wirtin im 1. Stock des Gebäudes, über eine Treppe kam man in die Wohnung. Hier in diesem Warteraum, stand ein Kachelofen der meist beheizt wurde, Darin standen wir wie die Heringe in der Dose.

Auf den hinteren Teil des Bahnhofs links vom Gebäude, standen die Eisenbahnwagen für das einladen der Zuckerrüben.

Hier sah es genauso verdreckt aus, wie auf der Straße. Zu dieser Zeit war an Samstagen noch Schule und wir mussten an diesen Samstagen auch arbeiten gehen. Es kamen Arbeiter aus der gesamten Umgebung zum Bahnhof, so aus Flurstedt, Pfuhlsborn, Niedertrebra, Eberstedt , Obertrebra und Escheroda um zu ihrer Arbeitsstelle mit dem Zug zu gelangen. Aus Pfuhlsborn fuhr ein Gleichaltriger mit mir bis Weimar, mit ihm befreundete ich mich an, er hieß Reinhard Döhner. Er war Lehrling im Weimar Werk (hieß vorher Waggonbau). Wir fuhren gemeinsam mit dem Zug nach Weimar und trafen uns auch beim Tanz in den umliegenden Ortschaften. Durch ihn lernte ich auch die Mädchen aus Pfuhlsborn kennen.

Wenn wir mit dem Zug in Weimar, in den Monaten der Zuckerrübenernte, ankamen, fielen wir mit unseren verdreckten Schuhen auf.

Denn Weimar war eine saubere Stadt. Abwaschen bzw. das Reinigen der Schuhe hatte ja keinen Zweck, wir mussten auf diesen verschlammten Straßen in unseren Wohnorten wieder zurück. Gegenüber dem Bahnhofsgebäude in Niedertrebra war das Wohnhaus und der Garten von den Eltern meines Freundes Bernd Burkhardt. Rechts daneben befand sich die VEAB. Es war ein Geschäft zum Verkauf von Waren für Kleingärtner und Bauern und gehörte zur VDGB (Vereinigung der gegenseitigen Bauernhilfe). Diese Holzbaracken wurden gleich nach der Wende abgerissen und hier hat der Unternehmer Detlef Werner seinen Betrieb für Dreh- und Frästechnik aufgebaut.

Bevor man zum Bahnhofsgebäude kam, lag am Ende der Straße rechts noch ein Wohnhaus, das zur Ortschaft Obertrebra gehörte. Hier wohnte oben Familie Müller, die später nach Darnstedt verzogen sind und unten Familie Weinert mit Tochter Ursula. Mit dieser Familie Weinert hatten unsere Eltern sehr guten Kontakt, da sie auch aus dem Sudetengau kamen. Mit der Tochter Ursula und ihrem Ehemann hatte ich immer wieder Kontakt, sie war dann Witwe geworden und trat in unseren BRH Verband ein, bis zu ihrer Erkrankung. In diesem Haus am Bahnhof wohnte neben der Familie Weinert der Hauseigentümer Mägdefessel mit Familie, sie hatten einen Sohn. Vor dem Haus war eine Waage für Zugmaschinen mit Anhänger und Pferdewagen. Über diese Waage mussten alle Wagen fahren, die Zuckerrüben verladen wollten. Es wurde das Gewicht festgestellt, um das ordentlich zu machen, mussten die entladenen Wagen nochmals rückwärts darüber fahren.

Hier an dieser Stelle muss ich erklären, ich war neulich am Bahnhof Niedertrebra. Mich hat es umgehauen. Das schöne Bahnhofsgebäude war abgerissen worden, davon war nichts mehr vorhanden. Das einzige was immer noch so aussah wie zu der Zeit, als ich noch mit dem Zug fahren musste, war die Unterführung zum Bahnsteig, es fehlte vorn das Häuschen des Fahrkartenkontrolleurs. Es sah da so aus, als wenn ein Sturm darüber gefegt sei. Auf mich machte es jedenfalls keinen guten Eindruck.

Meine Schwester Traudel hatte mir das Tanzen beigebracht und es machte mir viel Spaß. Mit Mutters Erlaubnis durfte ich in die Nachbardörfer zum Tanz gehen.

Das war meistens an Samstagen und Sonntagen. Aber ich musste ihr Versprechen, das ich gegen 22.00 Uhr zu Hause war. Das konnte ich oft auch einhalten. Als ich dann 16 Jahre alt war, habe ich dies nicht mehr einhalten wollen. Vater hatte in seinem Werkzeugschrank Schlüsselrohlinge und auch Feilen. Ich fertigte mir einen eigenen Haustürschlüssel an. Mutter schloss immer wenn ich zum Tanz ging, hinter mir die Haustür gegen 22.00 Uhr ab. Zu dieser Zeit war Karl Heinz Geselle und auf Montage, so dass ich alleine ausging. Zum Glück zog sie den Schlüssel ab. So kam ich manchmal später heim, konnte die Tür mit meinem Schlüssel öffnen und schlich mich in mein Bett. Mutter fragte mich dann am nächsten Tag aus. Ich blieb dabei, dass ich vor 22.00 Uhr da war und sofort ins Bett gegangen bin. Meine Eltern gingen meist gegen 22.30 Uhr zu Bett. Dann schloss sie erst die Haustür ab. Es kam aber der Tag, wo sie Verdacht schöpfte und ließ den Schlüssel in der Haustür im Schloss stecken. Als ich gegen Mitternacht zu Hause eintraf, konnte ich das Schloss nicht schließen, weil eben der Schlüssel innen steckte. Rufen wollte ich nicht, ich wollte kein Ausschimpfen mehr riskieren. Vater hatte in seinen Schuppen eine etwa 2,5 m hohe Leiter stehen. Nach vorn am Haus befand sich die Wohnstube mit 2 Fenstern, in den Fensterbänken waren Blumenkästen mit Geranien. Das Haus, es war ein kleines Haus mit drei Räumen, gehörte nicht uns und die Fensterrahmen waren schon etwas lavede. Ich stellte also die Leiter ans Fenster, hob den Blumenkasten herunter und stellte ihn auf die Erde. Danach wackelte ich so lange an den Fensterflügel bis der Riegel runter fiel und das Fenster aufging. Also bin ich durchs Fenster in die Wohnstube, habe die Haustür aufgeschlossen, im Hof den Blumenkasten wieder auf die Fensterbank gestellt und die Leiter weggeräumt. Das Fenster wieder verschlossen und bin ins Bett gegangen.

Was ich nicht bemerkt habe, auf dem Fensterbrett innen hatte ich meine Schuhabdrücke hinterlassen, denn die Schuhe waren schmutzig. So kam meine Mutter schneller dahinter als ich dachte, wie ich in das Wohnhaus gekommen bin. Naja, es gab ganz schön Geschimpftes.

Unsere Mutter hat uns Kinder immer schon angehalten, die Menschen, die uns begegneten zu grüßen. Dabei war es ihr gleich, ob es bekannte, unbekannte, jüngere oder ältere Menschen waren. Auch bei einer Begrüßung dem anderen die Hand geben, vor allem den Lehrern, den Menschen denen wir helfen wollten, unseren Eltern und den ganzen Bekannten und Verwandten. Ich gestehe, das sitzt bei mir so fest, ich Grüße heute noch Personen, die mir mehrmals begegnen, immer wieder auch Fremde.

Ich teilte schon mal mit, ich tanzte sehr gern und konzentrierte mich auch auf moderne Tänze. Einmal in Flurstedt, ich tanzte gerade mit der Ingrid. Plötzlich ein Tusch von der Kapelle, es spielte die Lothar Baruth-Combo aus Niedertrebra, und der Baruth sagte, ich bitte jetzt die Paare nicht zu tanzen, wir spielen jetzt ein amerikanisches Volkslied. Zuerst begann der Saxophonist, dann der Trompeter und dann die anderen. Sie spielten einen „Rock and Roll". Den kannten wir schon aus dem Radio und sofort schwangen alle ihre Beine nach dem Takt und es wurde wild getanzt. Das war Ende der 1950ziger Jahre.

In Obertrebra spielte meistens die Kapelle Gröber aus Darnstedt und auch diese haben nicht nur Blasmusik gemacht und auch schon modernere Lieder gespielt. Die älteren Herrschaften, meistens Frauen, aus unserem Dorf saßen beim Tanz meistens in der sogenannten „ Äppelkammer „ (so wurde der Tanzsaal der Gaststätte Czanera genannt) oben auf der Empore. Sie beobachteten die Tanzpaare und wer da auffiel, über den wurde dann am nächsten Tag im Dorf hergezogen. Über mich wurde da öfter hergezogen.

Warum hieß der Saal „Äppelkammer" – er wurde sonst in den Zwischenzeiten als Apfellager benutzt, denn die Gaststättenbesitzer hatten mehrere Apfelplantagen.

Es gab Tage, da erzählte Mutter mir gern von unserer Heimat, zu Hause im Sudetenland, aus dem wir rausgetrieben wurden unter bewaffneter Bewachung. Ich weiß, es muss im Jahr 1958 gewesen sein, da sagte sie nach einem solchen Gespräch plötzlich, „ ich möchte gar nicht wieder in die Heimat, alles wieder von vorn anfangen, alles wieder neu beschaffen, denn es ist bestimmt von unserem Hab und Gut nichts mehr da.“ Da hatte sie bestimmt recht. Ich selbst konnte mir da nicht mehr vorstellen, wie es in der Heimat war. Zumal ich ja während der Vertreibung Todkrank war (so wurde mir immer wieder erzählt).

Im 2. Lehrjahr wurden wir Lehrlinge in eine Lehrbäckerei in die Jakobstr. In Weimar umgesetzt. Hier bekamen wir zwei weibliche Lehrlinge, eine hieß Rosi, den anderen Namen habe ich mir nicht gemerkt. Sie mussten genauso ran wie wir, sie brauchten aber keine Mehl- und Zuckersäcke schleppen. Irgendwann , ich hatte Ofendienst, d. h. ich war für den Ofen zuständig und alles was in den Ofen rein musste, erledigte ich. Der Ofen war ein Dampfbackofen, deren Röhren waren mit Wasser befüllt, die unter der Decke des Ofens befestigt waren, wurden seitlich mit Kohle beheizt und auf Temperatur gebracht. Der Ofen musste ca. 200 bis 280 Grad haben, wenn man morgens mit dem Backen begann. Wir übernahmen auf Geheiß unseres Meister Schober auch selbstgebackenen Kuchen zum abbacken von den Nachbarn. An was ich mich genau erinnern kann, an diesem Tag, als ich Ofendienst hatte, brachte eine Frau ein großes rundes Blech mit Pflaumenkuchen. Da im Ofen gerade Platz war, habe ich diesen sofort in den Ofen geschoben und der Meister ermahnte mich noch, ich solle ihn ja nicht anbrennen lassen. Nach einen Blick in den Ofen erkannte ich die Bräune schon am Rand des Kuchens. Ich zog ihn mit dem Schieber (eine lange Holzstange, an deren Ende ein flaches breites Brett befestigt war) aus dem Ofen. Als ich den Teig anheben wollte zur Kontrolle, rutschte dieser Kuchen vom Schieber und fiel mit der oberen Seite in die Aschengrube, so nannten wir die Grube, in der der Ofensteher vor dem Ofen stand. Der Meister war gerade nicht anwesend. Mit Hilfe von verschiedenen kurzen Schiebern und Crememessern (wir nannten sie Palette) konnten wir den Kuchen wieder auf sein Blech bringen. Mit einem Eimer Wasser und Bürste entfernten wir Schmutzreste von der Oberseite des Kuchens. Dann habe ich frische Streusel gemacht und die auf den Kuchen verteilt und viel Zucker darüber gestreut. Dann habe ich den Kuchen nochmal für 10 – 15 min in den Ofen geschoben und danach aus dem Ofen geholt und in einen Schragen, so hießen die Gestelle, in denen die Kuchenbleche mit Backware nach dem Backen abgestellt wurden, getan. Die Frau holte ihren Kuchen und stellte keine Veränderungen daran fest. Am nächsten Tag kam sie wieder, ich bekam es mit der Angst zu tun, aber ich staunte sehr, sie bedankte sich bei uns und sagte: „ Was habt ihr mit meinen Kuchen getan, der hat noch nie so gut geschmeckt wie gestern“.

In diesem zweiten Lehrjahr hatten wir im Lehrbetrieb noch einen Bäckermeister, seine Name war Hergt. Er war schon knapp am Rentenalter und war bei uns der sogenannte Ofenmeister. Wir haben eines Morgens bemerkt, das er ohne Zähne auf Arbeit kam. Daher war klar, er hatte ein Gebiss. Wir löcherten ihn mit unseren Fragen nach seinen Zähnen. Er gestand uns dann, das er am gestrigen Abend mit Freunden einen Trinken war und hatte wirklich einiges zu viel getrunken. Auf dem Heimweg habe er sich erbrochen in einer dunklen Ecke und dabei muss ihm das Gebiss rausgefallen sein. Er hatte es aber heute Morgen dann wieder gefunden und wollte erst zum Zahnarzt gehen. Ansonsten ein wirklich guter Meister, der uns viele gute Tipps gab.

Ich hatte schon im 1. Teil erwähnt, wir bekamen im 3. Lehrjahr einen weiblichen Lehrling. Sie war rothaarig und gefiel mir sehr. Ich muss ihr auch gefallen haben, denn eines Tages nach Arbeitsschluss fragte sie mich, ob ich mit ihr mitgehen würde. Zu dieser Zeit waren wir kurze Zeit in einer Bäckerei eingesetzt, die genau gegenüber dem heutigen Atrium in der Friedensstraße war. Sie nahm mich mit und ich tat es ja gern. Sie zeigte mir einen Weg über die Friedensbrücke und dahinter gleich rechts führte ein Weg unter diese Brücke. Sie sagte mir, dass sie mich sehr liebe und drückte und küsste mich. Bei mir war alles in Alarmstimmung. Sie zeigte mir dann noch, was wahre Liebe ist. Das wiederholte sich über einen längeren Zeitraum, bis zu jener Elternversammlung, als Mutter sich beschwerte, dass ich jeden Tag immer länger arbeiten müsse. Der Meister klärte sie auf und sie war dann etwas Böse auf mich.

Im Jahr 1955 waren meine Eltern von der Hausnummer 13 in die Hausnummer 10 in Obertrebra umgezogen. Das war früher mal eine Molkerei. Das Haus gehörte einem Kresse, der in Parterre links im Haus mit einer Frau zusammen lebte und hatten da 2 Zimmer, eins davon eine Wohnküche. Die Eltern bekamen die Wohnung, wo vorher seine Tochter wohnte. Sie war mit einem Sauerbrey verehelicht und hatte 2 Jungs,- Klaus und Roland-. Zur Wohnung führten 4 Stufen, eine Art Hochparterre. Hier waren unten eine Küche, die Wohnstube und die Schlafstube der Eltern hintereinander angebracht. Eine Treppe hoch war eine Kammer für mich. Das Waschhaus war links neben dem Haus angebaut. Das Klo befand sich auch in einem festen Gebäude außerhalb des Hauses, es hatte schon ein Keramikbecken und eine Jauchengrube darunter. Das Keramikbecken war schon sehr alt und hatte viele Risse. Eines Tages, Papa war auf dem Klo, da brach es unter ihm zusammen. Zum Glück verletzte er sich nicht dabei. Hier in diesem Haus habe ich alle unsere Zimmer bohnern müssen, nachdem Mutter diese gewischt hatte. Auch warf Mutter immer Sonnabends alle Schuhe auf die Wiese vor das Haus, die musste ich dann putzen.

Zu dem Grundstück der Molkerei gehörte ein Wohnhaus, welches gleich vorn in der Nähe der Eingangstür stand. Der Eigentümer hatte das Haus an Familie Breitschuh verkauft und zwischen diesen Grundstücken einen Zaun gebaut. Auf der Seite, das zu unserem Haus gehörte war ein großer Garten, indem Vater Gemüse, Erdbeeren, Beerensträucher und Blumen anbaute. Sicher kann sich mancher daran erinnern aus meinem 1. Buch, dass meine Nichte Sylvia eine Jugendweihekarte zum Nachbarn Breitschuh bringen sollte. Sie hatte es nur bis zum Hoftor geschafft und es sich anders überlegt. Sie hatte damals einen zu großen Schluck Bier zu sich genommen. Zur Erledigung dieses Auftrages gehörten noch 10 m, die sie hätte gehen sollen. Sie kehrte einfach um, ging in die Wohnung der Frau Kresse, knallte ihr die Karte auf den Tisch und sagte: "Scheiß, geh allene". Die Frau war so erschrocken, das sie gleich zur Oma kam und sich beschwerte, da merkte Oma erst, dass die Kleine etwas angetrunken war. Sie wurde sofort ins Bett gesteckt.

Wie kam es dazu. Im Jahr 1962, ich hatte Urlaub von der Armee und kam nach Hause. Mutter war mit Sylvia allein zu Hause, Vater war im Garten. Da wollte ich hin und Vater abholen, aber Sylvia wollte unbedingt mit. Ich nahm sie auch mit. Im Garten hatte Vater seine vorgenommene Arbeit gerade beendet, als wir kamen. Er schlug vor, in die Gaststätte zu gehen, um etwas zu trinken. Das taten wir auch. Wir bestellten 2 Bier und für die Sylvia eine Brause, die der Gastwirt nicht mehr hatte. Sylvia quängelte aber und wollte unbedingt etwas trinken und Opa lies ihr ein Schluck Bier im Glas und gab es ihr. Sie trank das aus. Wir merkten eigentlich nichts, dass sie davon einen Klaps bekommen hatte. Es zeigte sich dann aber an ihrer Handlung.

In der Zeit noch vor 1950 baute Vater eine Wanne für die Mutter zum Wäsche waschen und eine Badewanne aus Holz. Darin durfte ich mich nach den Eltern in dem Badewasser baden, Mutter schüttete nur etwas heißes Wasser nach, welches sie in der Waschküche im Kessel erwärmte. Die älteren Geschwister badeten dann nach mir, aber auch immer zwei hintereinander im selben Wasser.

Als Vater dann im Weimar Werk (damals noch Waggonbau) arbeitete, baute er für Mutter eine Zinkwanne. Die Wäsche wurde da noch im Waschkessel gekocht und in der Wanne mit einer Wäscherumpel mit der Hand gewaschen. Das mussten später unsere Ehefrauen auch so mit den Windeln und auch mit der anderen Wäsche tun.

Ich war ja dann Bäckereifacharbeiter (Geselle sagt man heute) geworden und wurde als solcher in die Brot – und Brötchenbäckerei in Weimar, Mussäusstraße eingesetzt im 3 Schichtdienst. Das war nicht mein Verständnis von der Arbeit eines Bäckers. Ich habe mich im Januar 1961 zur NVA im Wehrkreiskommando in Weimar beworben. Es gab eine Bedingung meinerseits, ich wollte unbedingt zur Luftwaffe, weil mir diese Uniform so gefiel. Dieser Dienst war noch freiwillig und ich hatte mich sofort für 4 Jahre verpflichtet. Bevor ich zur Armee ging, war ich nochmal in Niedretrbra zum Tanz. Ich hatte etwas getrunken, vielleicht schon zu viel. Lernte eine junge Frau beim Tanz kennen, die ich nach Hause begleiten durfte. Es kann gegen 01.00 Uhr gewesen sein, als ich den Ort verließ, hier wurde ich aber von drei jungen Männern empfangen, die mit den Worten: "Wir treten unsere Hühner selbst" sofort auf mich einschlugen. Ich fiel in den Straßengraben und man ließ von mir ab. Kaum waren sie ein Stück weg, stand ich auf und schimpfte ihnen nach. Sie kamen zurück und ich bekam noch einmal ein paar Schläge ab.

3. Bei den bewaffneten Organen:

Ab dem 05. April 1965 war ich dann Angehöriger der NVA und trug die Uniform der Luftwaffe. Diese Bezeichnung wurde bald nach meiner Einstellung abgeschafft und hieß fort an – Luftstreitkräfte / Luftverteidigung. Das kam daher, weil die Artillerieregimenter mit unter das Kommando des General Keßler, der bis zu diesem Zeitpunkt der Chef der Luftstreitkräfte war, fielen.

In der Grundausbildung bekamen wir zweimal Gruppenausgang mit unseren Gruppenführer. Wie die Gaststätte in Wolfen hieß, ist mir leider nicht mehr bekannt. Dort stand aber eine Musikbox. Zu der Zeit war bei uns der Schlager groß in Mode: „Die Liebe ist ein seltsames Spiel“, gesungen von Helga Brauer und das Lied „Ich komme wieder, in einem Jahr“ gesungen von Peter Beil. Diese beiden Lieder haben wir ständig hintereinander gewählt und abgespielt. Andere Gäste ärgerten sich darüber und verließen die Gaststätte. Ich habe mich bemüht bei der Armee alles richtig zu tun. Gerade hier in der Ausbildungszeit war ich auch sehr aufgeregt, wenn es sich herum sprach, das in der Nacht ein Alarm sein soll. Ich habe im Traum geschrien. „Alarm, Alarm, alles raus aus den Betten“. Die anderen Kameraden waren alle aus den Betten gesprungen und sich zum Raustreten und Abmarsch angezogen. Sie waren auf den Flur rausgetreten, da habe der diensthabende Unteroffizier sie gefragt was das soll und mit ihnen geschimpft. Im Zimmer zurück gekommen, schalteten sie das Licht ein und bekamen mit, der Rodner lag ja noch im Bett und man war sich sicher, ich war der Schuldige. Zur Strafe hoben sie mein Bett aus, ich schlief in einem Doppelbett oben, und stellten mich auf den Kasernenflur. Als ich munter wurde, habe ich nicht verstanden, was da mit mir passiert war.

Die Kameraden meinten nur, ich solle mir sowas nicht wieder einfallen lassen, nachdem sie mir erzählt hatten, was geschehen war.

Nach der Grundausbildung wurde ich von Wolfen aus nach Oranienburg in eine Wachkompanie versetzt, diese befand sich im dortigen Schloss und gehörte mit zur Luftwaffe. Wo ich viel persönlichen Ärger bekam, den ich aber selbst verschuldet hatte, 2 Wachvergehen mit jeweils 2 Tage Arrest als Bestrafung. Das war der Grund, warum ich mich in die Küche als Koch versetzen ließ. Auch hier lernte ich eines Tages den Chef der Luftstreitkräfte/Luftverteidigung Generalleutnant Heinz Keßler kennen. Er hatte eine Inspektion durchgeführt und unterhielt sich mit einem Gefreiten, der auch Koch war. Ich stand in Habachtstellung daneben. Der Gefreite hatte beide Hände in den Hosentaschen und ich dachte mir so, dass er viel Ärger bekommen würde. Doch der General tat so, als wenn er das nicht bemerken würde. Nach dieser Unterhaltung habe ich den Gefreiten gefragt, ob er keine Angst habe deswegen. Er meinte, was soll mir schon passieren, in 3 Tagen ist mein Entlassungstermin.

Hier in Oranienburg blieb ich auch nicht lange und wurde im zeitigen Frühjahr 1962 nach Trollenhagen bei Neubrandenburg als Koch versetzt. Diese Dienststelle war im Neuaufbau, vorher war die Sowjetarmee dort und hatte alles, was aus Holz an Türen, Fenstern und Dächern vorhanden war, an den Kasernen entfernt. Doch dort gab es eine Battalionsküche die ja schon arbeiten musste, um die Soldaten und die anderen Angehörigen zu versorgen. Dorthin mussten wir aber, um unser Essen empfangen zu können. Ich denke da noch oft an den Koch dort, der an der Essenausgabe stand. Unrasiert, schmutzige Kochwäsche und er klatschte uns das Essen oft nur so lustlos auf den Teller. Zum Frühstück gab es ein Stück Leber – oder Mettwurst, dazu eine Milchsuppe mit Haferflocken, Gries oder Pudding. Dazu konnten wir uns Margarine, Fett, Brot und Salz nehmen. Abends gab es Wurstaufschnitt, fast immer Blutwurst, Jagdwurst und 1 Stück Butter, Brot, Fett und Magerkäse stand zum Selbstnehmen da.

Da für uns noch keine Arbeit in der zukünftigen Regimentsküche vorhanden war, die Unterkünfte und die Küche wurde erst aufgebaut bzw. erneuert. Deshalb wurde ich einem Bautrupp zugeordnet, der Munitionsbunker bauen sollte. Die waren außerhalb der Dienststelle, wo früher zur NS Zeit Offiziershäuser standen und die von den Russen wegesprengt waren. Die Grundmauern standen noch und wurden von uns mit zum Ausbau benutzt.

Vom Fliegerhorst Trollenhagen wurde ich nach Karlshagen / Usedom zu einem Küchenmeisterlehrgang geschickt. Wir waren hier in einem Artillerieregiment untergebracht und waren dort Lehrgangsteilnehmer aus beidem Bereichen. Das heißt, wir trugen die blauen Schulterstückumrandungen und blaue Kragenspiegel der Luftstreitkräfte, die anderen dunkelrote Abzeichen der Luftverteidigung. Hier traf ich einen Kameraden wieder, mit dem ich zusammen in der Grundausbildung in Wolfen war und der hier den Lehrgang besuchte. Nach seinen Erzählungen in Wolfen, war er Balletttänzer und Halbjude. Das wusste nur ich von ihm. In Karlshagen hatten wir einen großen Unterrichtsraum für uns, der zur Hälfte Schlafraum und Unterrichtsraum war. Getrennt waren diese beiden Räume durch unsere Spinde. Ich nenne mal meinen Freund hier einfach nur Peter. Auf seinem Nachttisch hatte er ein schwarz / weißes Foto von einer hübschen blonden Frau stehen. Eines Tages saßen wir Beide im Unterrichtsraum und schrieben Briefe, aber wir saßen weit auseinander. Es waren noch mehrere die auf dieser Seite des Raumes saßen. Da hörte er auf der anderen Seite eine Stimme sagen: „Die Alte, die der da auf seinem Nachttisch stehen hat ist doch auch eine Jüdin“. Ich muss dazu sagen, viele unserer Lehrgangsteilnehmer hatten auf ihren Nachttischen Bilder von ihren Freundinnen stehen. Er schaute sofort nach weil er der Meinung war, dass nur das Bild seiner Freundin gemeint war. Er wollte wissen, wer das gesagt haben könnte. Bekam aber nichts weiter mit. Er war dann bei unserem Vorgesetzten und meldete das. Das wurde weitergeleitet, bis zum MND

(Militärischer Nachrichtendienst). Dort wurde er ausgefragt, wer das wissen konnte und wen er verdächtigte. Der Einzige der das offiziell wusste, war ich. Ich hatte das auch niemanden gesagt. Ich habe ihm unterstellt, dies habe er vielleicht selbst bei einem Ausgang oder beim Trinken mal jemanden erzählt. Gleich noch am selben Tag musste ich zum MND kommen und wurde bald 2 volle Tage dort verhört. Ich sollte an allem die Schuld tragen. Es kam sogar soweit, obwohl ich mit ihm im Unterrichtsraum saß, brachte er vor, es könnte ich gewesen sein, der das gesagt hat. Am 3. Tag nahm er das gegen mich zurück und man verdächtigte dann einen Anderen, der es aber nicht zugab. So ging man damals davon aus, das er sich verhört haben könnte und er nahm auch zurück, das es meine Stimme war, die er gehört hatte. Das war mein erster und einzigster Kontakt mit dem MND während meiner Armeezeit und ich wusste von da an, wie schnell man in Verdacht geraten kann, etwas getan zu haben. Dort auf Usedom hatten wir an den Wochenenden immer Ausgang. Nicht weit weg von der Kaserne war der Bahnhof des „Rasenden Roland" – eine Schmalspurbahn. Da wir dort den Lehrgang über die Winterzeit besuchten, mussten wir selbstverständlich mit Mantel in den Ausgang gehen. Darüber musste das Koppel getragen werden. Meistens waren wir in Zinnowitz zum Ausgang und es wurde auch fleißig dem Alkohol zugesprochen.

An einen Sonnabend waren wir wieder mal so 8 – 10 Soldaten in Zinnowitz und hatten natürlich wieder ganz tüchtig dem Alkohol zugesprochen. Gegen Mitternacht begaben wir uns in Zinnowitz zum Bahnhof, weil wir ja nach Karlshagen zurück mussten. Der Zug hatte Verspätung. Dann haben wir in der Wartehalle vor uns hingedöst. Auf einmal kam ein Eisenbahner und teilte uns mit, dass der Zug nicht fahren könne, da die Lokomotive nicht anspringe. Wir erklärten uns sofort bereit, dabei zu helfen die Lok anzuschieben. Wir waren 6 Armeeangehörige die mit schieben wollten.. Wir wurden bis zur Lok geführt und jeder suchte eine Stelle, wo er schieben kann. Ich suchte mir einen Puffer an diesem Triebwagen aus. Wir konnten auch die Lok bewegen, aber wenn der Lokführer den Gang einlegte oder die Kupplung los ließ, blieb der Triebwagen stehen. Wir hatten es bestimmt schon 3 – 4 mal versucht, aber es klappte nicht. So setzten wir uns in den Triebwagen. Uns blieb ja nichts andres übrig als zu warten, bis dieser fahren konnte. Drinnen schlief ich auf jeden Fall ein und wurde geweckt, als wir in Karlshagen im Bahnhof angekommen waren. Wir kamen in die Kaserne, machten ja kein Licht an, um die anderen nicht zu wecken, zogen uns um und gingen schlafen. Zum Glück, das der nächste Tag ein Sonntag war und wir frei hatten. Ich wollte nach dem Frühstück gleich meine Uniform aufhängen. Da sah ich, dass der Mantel und sogar die Jacke darunter total mit Altoel oder Altfett beschmiert war. Ich musste die Uniform tauschen und bekam auch zum Glück die Teile und konnte meine blauen Abzeichen an der Jacke befestigen sowie am Mantel.

Während eines Urlaubes bei meinen Eltern, ich war gerade Gefreiter geworden, bin ich nach Leipzig zu meinem Bruder gefahren. Der war erst von einer Dienstreise aus Japan zurück gekommen. Er hatte von seinem Taschengeld für seine Kinder mehrere Matchboxautos mitgebracht. Ich hatte nie so etwas gesehen und in mir erwachte die Gier, auch so etwas besitzen zu wollen. Am nächsten Tag ,bevor ich mich verabschiedete, habe ich mir ein solches weggenommen (geklaut). Ich denke, das es den Kindern und meinem Bruder aufgefallen war, das ein Auto fehlte, er hat aber nie mit mir darüber gesprochen. Ich habe es nie fertig gebracht, ihm diesen Diebstahl zu gestehen.

Als wir 3 Abgänger vom Kochlehrgang aus Karlshagen zurück versetzt wurden nach Trollenhagen, wurden wir der Regimentsküche zugeteilt. wir waren nach dem Lehrgang Unteroffizier geworden und als Oberköche eingesetzt, zugleich Schichtführer. Wir arbeiteten in mehreren Schichten. Einer wollte den anderen ausstechen und die beste Gelegenheit bot sich beim Schichtwechsel. Bevor wir von der vorherigen Schicht übernahmen, wurde eine gründliche Kontrolle über die Reinheit und Sauberkeit der Küche und Nebenräume durchgeführt. Hier freuten wir uns, wenn es Beanstandungen gab und die vorherige Schicht noch nicht Feierabend machen konnte. Wir mussten aber mit unserer Schicht nebenbei Dienst verrichten, da ja das Essen vorbereitet werden musste.

In unserer Freizeit spielten wir auf unseren Zimmern Skat. Zu dieser Zeit gab es in der Dienststelle noch eine Gaststätte und eine Verkaufsstelle, wo man alkoholische Getränke erwerben konnte. Diese wurden nach der Einführung der Wehrpflicht Ende 1962 abgeschafft. Zum Skat tranken wir Bier und Schnaps und rauchten auch. Uns kontrollierte ja keiner. Da wir meistens zu dritt spielten, der vierte Unteroffizier, dem das Verpflegungslager mit unterstand, konnte meist nicht mitspielen. Da wir nebenbei tranken, haben wir manchmal vergessen, wer mit dem Kartengeben dran ist, so haben wir einen Stahlhelm aufgesetzt und der wurde weitergegeben. Das weitergeben des Helms wurde manchmal vergessen. Hier auf dem Flugplatz kam ich in das Vergnügen, einmal mit einem Hubschrauber mitfliegen zu dürfen. So richtig hatte mir das nicht gefallen ich wäre auch nicht ein zweites Mal mitgeflogen. Ich fand es sehr unruhig beim Fliegen.

In meiner Schicht hatte ich auch den Koch bekommen, von damals aus der Battalionsküche. Er trat nun ganz anders auf, war sauber und reinlich. Habe dann aber doch an ihm etwas entdeckt, was mich schockte. Ich wunderte mich, das er in den Stiefeln immer oft die Socken oben mehrmals umwickelt hatte. Danach fragte ich ihn. Er zog seinen Stiefel aus und ich konnte sehen warum. Er hat seine Armeesocken sehr lange angezogen. Hatte der Strumpf vorn ein größeres Loch, so zog er den Strumpf nur straff mit dem Loch über die Zehen. Das tat er immer weiter, so dass der Strumpf nach oben sehr lang wurde, deshalb krempelte er ihn mehrmals um. Dieser Koch war aus Schwerin. Eines Tages fragte ich ihm, wie es heißen würde, wenn man bei dem Wort Schwerin das – r- rausnehmen würde. Nach einen Moment des Überlegens gab er mir die Antwort. Ich wies ihn darauf hin, dass dies eher auf ihn zutreffe. Er hat sich wirklich geändert. Er war auch gelernter Bäcker wie ich. Die meisten unserer Unteroffiziere und Köche waren Fleischer von Beruf. Mitunter erzählten die Fleischer, die in Schlachthöfen gelernt haben böse Geschichten, die ich nicht wiedergeben möchte. Ich gebe zu, damals habe ich sie mir angehört und auch über manches gelacht.

In Trollenhagen gab es eine technische Kompanie, die fast ausschließlich aus Unteroffiziersdienstgraden (vom Uffz. bis zum Oberfeldwebel). bestand. Sie war für den technischen Zustand der MIG 15 – 19 verantwortlich. Eines Tages hieß es, dass eine Frau den Vater für ihr Kind suchte. Sie konnte nur angeben, dass er die Uniform der Luftstreitkräfte trug und in Trollenhagen diente und Ingenieur sei. Sie wusste auch, das er Feldwebel war.

Wer das zu verantworten hatte, was das geschah, ist mir nicht bekannt. Jedenfalls sollte die Frau den Kindesvater in dieser Kompanie suchen. Der Hauptfeldwebel sollte die Gegenüberstellung durchführen, es hatte sich ja keiner in der Kompanie gemeldet, der sich als Vater zu erkennen geben wollte. Also lies der Hauptfeldwebel die Kompanie in voller Ausrüstung mit Mantel, Stahlhelm und Marschgepäck antreten und ließ sie in 3 Reihen antreten. Die Frau ging dann mit hochrotem Kopf durch die Reihen und sollte denjenigen erkennen. Sie hatte niemanden erkannt. Sie soll nur gesagt haben: „Da sieht ja einer so aus, wie der Andere." Es muss wirklich sehr peinlich für sie gewesen sein.

Am 01. März 1963 rechnete ich zum Tag der NVA damit, dass ich zum Unterfeldwebel befördert werden würde. Doch leider vergebens und ich wurde von meinen Mitstreitern deswegen gehänselt.

Ich war in der Küche einer der wenigen, der noch freiwillig sich zur NVA gemeldet und sich zu 4 Jahren Dienst verpflichtet hatte. Ich bat dann um Versetzung nach Puttgarten zu einer selbstständigen funktechnischen Kompanie als Küchenleiter, dem statt gegeben wurde. Ich hatte hier anfängliche Probleme, die mein Vorgänger mir hinterlassen hatte, er hatte bei der LPG in Varnkewitz etwas über 1000,00 Mark Schulden. Die konnte ich in relativ kurzer Zeit abbauen. Zu dieser LPG in Varnkewitz hatte ich gute Kontakte aufgebaut. Hier kaufte ich Gemüse und Kartoffeln für die Kompanie ein, die auch bezahlt wurden. Im Sommer 1964 stellte die LPG den Antrag beim Kompaniechef, das wir zu ihrem LPG Fest aus der Feldküche bei ihnen Erbsensuppe kochen sollten. Der Kompaniechef übertrug mir diese Aufgabe. Die LPG stellte alle Zutaten zur Verfügung. Ich stand auf dem Dorfplatz mit der Feldküche und begann die Erbsen einzuweichen und fing schon sehr zeitig damit an, leider hatte ich kein Natron, denn dann wäre dieser Vorgang schneller von statten gegangen. So brachte ich sie nicht in den Zustand, wie Erbsen sein sollten, wenn man Suppe daraus machen möchte. Ich hatte alles da, was man zu einer guten Erbsensuppe braucht, Gewürze hatte ich mitgebracht. Kartoffeln, Möhren, Fleisch und Schinken, ich hatte von allem genug da. Ab 12.30 Uhr standen die ersten LPG – Mitglieder mit Töpfen und Eimern da. Auch Teller hatte ich genügend, nur die Erbsen waren nicht richtig weich geworden. Sie schmeckten aber prima. Ich begann das Essen in die bereitgehaltenen Töpfe, Eimer und in die Teller zu verteilen. Die Leute aßen, ich kam kaum nach mit der Verteilung der Suppe. Ein Bürger fiel mir besonders auf, er holte insgesamt viermal Nachschlag. Am nächsten Tag kam die Nachricht in unsere Dienststelle, es wäre ein Mann gestorben, dem wäre der Darm geplatzt. Aber weiter habe ich nichts darüber gehört, auch nicht, ob diese Nachricht der Wahrheit entsprach.

Im Winter konnte man da oben auf der Halbinsel nicht viel unternehmen. Deshalb ging es zum Ausgang meistens in die Gaststätte in Altenkirchen. Hier schlossen wir auch Bekannt – und Freundschaften mit der Dorfjugend. Diese wurden meistens enger, je mehr man getrunken hatte. Eines Tages rückte einer der Dorfburschen mit etwas raus, was er nüchtern bestimmt nie erzählt hätte. Er habe ein großes

Problem. Sein Glied wäre sehr groß und lang. Wenn er ein Mädchen zum Tanz holte und mit ihr ein bischen mehr Kontakt bekam, würde sein Glied steif werden. Die Hose würde dadurch abstehen und man konnte erkennen, was bei ihm los war. Deswegen würden die Mädchen ihn einfach auf der Tanzfläche stehen lassen und weggehen. Er wollte von uns einen Rat haben, was er denn tun könnte. Der Rat den er dann annahm war, er sollte einen Arzt aufsuchen und ihn um Rat fragen. Gleich am nächsten Wochenende wollten wir wissen, ob er beim Arzt war. Ja, das war er. Der Arzt habe ihm geraten, wenn er zum Tanz ginge, sollte er mit einem Lederriemen sein langes Glied am Oberschenkel befestigen. Einen besseren Rat hatten wir auch nicht. Bald darauf war auf dem Saal der Gaststätte wieder Tanz. Gleich zu Beginn des ersten Tanzes holte er ein Mädchen und es ging alles gut. Mit ihr tanzte er danach noch zweimal. Beim dritten Tanz mittendrin, ging auf einmal bei ihm das linke Bein hoch und er konnte es nicht wieder absetzen. So war diese Veranstaltung für ihn auch wieder erledigt und die Mädchen wollten von ihm nichts mehr wissen. Was aus ihm geworden ist, habe ich nicht mehr mitbekommen. Denn ich lernte zu einem Tanz in Wiek eine Frau kennen, bei der ich blieb und auch heiratete.

Zu unserer Dienststelle in Puttgarten gehörte ein 50 m langer Strand an der Ostsee, wo wir Baden gehen konnten. Dieser Strand war links und rechts von je einem FKK Strand begrenzt. Natürlich war das was für uns jungen Männer. Wir mussten sogar durch einen dieser FKK Strände gehen, um zu unserem Strand zu kommen. Die FKK Badegäste beschwerten sich immer wieder deswegen, aber es blieb so wie es war. Da ich ein notorischer Nichtschwimmer war, sonnte ich mich nur.

Ja, zu einem Tanz in Wiek auf Rügen lernte ich meine spätere Frau Heidemarie kennen, die ein Mädchen hatte, welches ½ Jahr damals jung war. Ich hatte bereits ein Motorrad ES 150 und erhielt von der NVA auch die Fahrerlaubnis. Mit dem Motorrad fuhr ist täglich zu ihr. Sie wohnte im Kinderheim in Wiek und hatte hier 1 Zimmer. In dem stand eine Doppelbettcouch, 1 Schrank, ein Tisch mit 2 Stühlen und ein Kinderbett in einer Holzbaracke. Genau gegenüber gehörte ihr noch eine kleinere Kammer, für Abstellzwecke, unbeheizt. In ihrer Kammer war ein Heizkörper. In der Abstellkammer hatte sie auch einen kleinen Tisch und eine Elektroplatte – einflammig -. Hier stand auch noch ein kleiner Kühlschrank. Sie war als Erzieherin beschäftigt und hatte eine Kindergruppe von ca. 10 – 12 Kinder zu betreuen, die hier zur Kur waren. Es war im Frühjahr 1964, da wurde ich zum Unterfeldwebel befördert und im gleichen Jahr am 18. Juli heirateten wir. Meine Frau war schwanger im 5. Monat. Die Hochzeit war in einem Kurzurlaub , ich hatte mich in Flurstedt auf dem Standesamt angemeldet. Diese Aufgabe gehört mit zu den Aufgaben des Bürgermeisters. Wir hatten einen Termin morgens gegen 09.00 Uhr. Als wir zu zweit bei ihm ankamen, hatte er den Termin vergessen und lag noch im Bett. Mit Unterhemd, langer Hose, Hosenträger und in Hausschuhen hat er uns dann in 15 min getraut und uns zu Mann und Frau erklärt. Im Dezember 1964 wurde unser Sohn Fred in Bergen auf Rügen geboren. Für ihn hatten wir im Zimmer keine Gelegenheit ein Bettchen aufzustellen. So musste er über den Winter dick eingemummelt im Kinderwagen schlafen, der im gegen liegenden Zimmer abgestellt wurde. Nach der Geburt unseres Sohnes Fred lernte ich mal kurz die Mutter meiner Frau kennen. Sie hatten Beide kein gutes Verhältnis miteinander. Als sie zum ersten Mal kam, brachte sie ihrer Tochter eine Strickjacke mit und forderte von ihr, sie möge sich etwas mehr um sie kümmern und sie finanziell unterstützen. Ich bekam als Unterfeldwebel 330,00 Mark und sie als Erzieherin 450,00 Mark. Damit kamen wir selbst nicht klar. Schon 14 Tage später stand ihre Mutter wieder da und forderte die Strickjacke zurück, weil die Tochter sich nicht um sie kümmerte. Wir gaben ihr die Jacke wieder und haben nie wieder etwas von ihr erfahren.

Am 05.April 1965 wurde ich als Unterfeldwebel aus der Armee entlassen und wir zogen nach Obertrebra, wo wir dann auch eine 3 Zimmerwohnung erhielten für ein Mietentgelt von 20,00 Mark. Bad gab es nicht, Toilette (Abort) war unten auf dem Hof. Wir kauften auf den Ehekredit eine Schlafstube, für die Stube einen Tisch und vier Stühle, eine ausklappbare Couch und einen kleinen Wohnzimmerschrank. Für die Küche einen Kohlenherd, einen Tisch und Stühle und eine sogenannte Anrichte. Mehr Platz gab es darin nicht.

Ich hatte mich als Polizist beim Volkspolizei Kreisamt Apolda beworben, das wurde nichts, weil man meinen Armeedienstgrad nicht anerkennen wollte. So nahm ich eine Tätigkeit als Waffelbäcker in Apolda bei Kompa an. Wir arbeiteten hier im 3 Schichtsystem. Ich arbeitete an einem Filinchenautomaten. Da ich die Politik unseres Staates bei Gesprächen, die aber selten waren, vertrat, nannten sie mich – Walter -. Das hatten sie aber nicht böse gemeint. Wir hatten in unserer Brigade ein gutes Verhältnis untereinander.

Unsere Kinder Kathrin und Fred mussten wir die erste Zeit täglich mit nach Apolda in eine Kinderkrippe mitnehmen. Bald darauf erhielten wir einen Platz für Beide im Dauerheim im Bereich des Faulborns. Als Kathrin 3 Jahre alt war, brachten wir sie in den Kindergarten nach Niedertrebra, dorthin wurde auch Fred ab 1968 gebracht. Beide gingen gern in diesen Kindergarten.

Dann ab dem 05.11.195 habe ich als Oberwachtmeister bei der Schutzpolizei in Apolda begonnen. Der Leiter der Schutzpolizei war Hauptmann Rama. Mein unmittelbarer Vorgesetzter war der Leiter der Wache Leutnant Kilinski. Der Leiter des VPKA war Major Wallat. Der später nach Torgau versetzt wurde. Unser Amtsleiter brachte täglich seinen privaten Schäferhund zum Dienst mit und der blieb überwiegend in seinen Diensträumen, es sei denn, das er mal in die Stadt ging und seinen Hund mitnahm. Der Major war sehr Technik begeistert. In seinen letzten beiden Jahren Amtszeit wurde das VPKA mit einem Moskwitsch als Funkstreifenwagen mit Sprechfunk, und mit Handsprechfunkgeräten ausgerüstet. Da er stets wissen wollte, was über die

Technik so gesagt wurde, musste er selbst ein Handsprechfunkgerät haben. Während einer Dienstbesprechung außerhalb seines Büros, lag dieses Gerät auf seinem Schreibtisch. Es wurde erzählt, dass jemand über ein solches Gerät eine Nachricht weiter gegeben hatte, so soll der Hund eine Stimme gehört haben und hat deshalb das Funkgerät kaputt gebissen.

Kurze Zeit nach meiner Entlassung aus der NVA wollte mein Schwager Wolfgang seinen Garten abgeben, das war im Sommer 1965. Sie hatten die Aussicht, in Apolda eine Neubauwohnung zu bekommen. Diesen Kleingarten habe ich dann zusammen mit meiner Frau Heidemarie übernommen. Diese Gartenanlage hatte Vater als Vorsitzender des Kleingartenvereins Obertrebra aufgebaut. Das Feld hatte er von dem Gustav Gröschner erhalten. Sie hatten die ersten Jahre darin viel Arbeit, ein Weg wurde angelegt, die Parzellen verteilt, Strom und Wasseranschluss gelegt. Auf dem Feld waren sehr viele Quecken und ich kann mich noch erinnern, wir Kinder haben wochenlang die Erde in Vaters Garten umgegraben und Quecken ausgelesen.

Ein Gartenhäuschen hatte der Schwager nicht in seinem Garten. Als dann Vater kein Interesse an seinem Garten mehr hatte. Es war 1969, habe ich diesen von ihm übernommen, alle anderen Geschwister hatten kein Interesse.. Darin war ein kleines Holzgartenhäuschen. Diesen Garten hatte ich dann bis ins Jahr 1972. Da übernahmen wir in Apolda einen Kleingarten in der Anlage "Katherinenweg". Unser Nachbar war Herr Frank, dessen Sohn Jürgen spielte auch mit unseren Kindern. Da der Partner der Oma, Herr Kluttig, meiner Frau Ingrid, den Garten abgeben wollte, übernahmen wir diesen. Hier war eine Holzlaube, ein Schuppen, indem ein Abort aufgestellt war (1 Stuhl ohne Sitz mit Eimer darunter). Die Holzlaube riss ich ab und baute Massiv eine ca 14 qm große Laube mit kleinem Keller unter den Küchenraum. Später baute ich dann noch eine Veranda an, ca. 10 qm. Wir kauften ein Chemieklosett und stellten es im Holzschuppen ein. Hier in diesem Garten wurden viele Familienfeiern durchgeführt, dazu waren alle Geschwister und Nichten und Neffen meiner Frau eingeladen. Auch meine Schwester Traudel mit ihrem Mann waren eingeladen zu solchen Festen. Meine anderen Geschwister wohnten ja alle weit weg und konnten fast nie kommen.

In diesem Garten war meine Frau Ingrid mit unserer Enkelin Christin, es muss im Jahr 1994 gewesen sein, meine Frau hatte ja keinen Führerschein und war mit ihr mit dem Bus bis zur Erfurterstraße gefahren und dann in unseren Garten durch die Max – Plank – Str. – gelaufen. An diesem Nachmittag brach urplötzlich ein furchterregendes Gewitter aus. Vom Nebengarten wurde ein großer Walnussbaum entwurzelt und stürzte auf unsere Laube, beide weinten vor Angst, zumal der heftige Sturm das Wasser waagerecht unter das Dach in die Laube trieb. Wir hatten da noch keine Mobilfunkgeräte. Ich wusste aber, dass sie mit der Enkelin in den Garten wollte. In der Utenbacher Straße, wo ich mein Büro hatte, lief das Wasser mindestens 20 cm hoch auf der Straße. Ich konnte mir denken, was die Beiden für Angst hatten. Mit meinem Opel Vectra fuhr ich bei strömenden Regen los, man konnte die Straße nicht mehr sehen, aus den Gullys schoss das Wasser fast einen Meter hoch raus. Ich musste Umwege fahren, in der Herressenerstraße lagen große Teile von Bäumen, in der Erfurterstraße lagen starke Äste und in der Max – Plank – Straße lag ein umgestürzter Baum. Ich konnte gar nicht bis zum Garten ranfahren. Ich bin dorthin gerannt, um meine Enkelin und deren Oma zu holen, was auch geklappt hat. Im Jahr 1996 kaufte ich mir dann ein Privatgartengrundstück in der Apoldaer Zeppelinstraße.

Aber was war alles in der Zwischenzeit passiert. 1968 ließen wir uns scheiden, meine Frau Heidemarie und ich. Das ging ziemlich schnell vonstatten. Habe dann wieder bei meinen Eltern in der Nr. 10 gewohnt in der Bodenkammer. Mutter gab sich viel Mühe mit mir, denn sie merkte, dass das Alleinsein nicht meine Welt war. Ich ging viel nach

Apolda und in umliegende Dörfer aus. Ich hatte dann auch einige Bekanntschaften gemacht, die nicht immer meinem Geschmack entsprachen, denen ich auch entweder zu alt oder nicht zu ihnen passte. Für die Fahrten nach Apolda hatte ich mir ein Moped SR II gekauft. Diese hatte ich immer aus Vorsicht, das ich damit nicht unter Alkohol nach Hause fahre, im Hof des VPKA abgestellt. Es ging auch immer gut, bis auf einmal. Ich hatte etwas getrunken und es war spät geworden, der Zug war weg und ich bekam auch kein Taxi mehr. Also begab ich mich zum VPKA, wurde eingelassen und ein Kollege kam auch mit auf dem Hof und ließ mich mit dem Moped aus dem Hofgrundstück rausfahren. Die Fahrt verlief bis nach Flurstedt sehr gut. Das Moped hatte aber Probleme den Berg hier in Flurstedt hochzukommen, mir war es jedenfalls zu langsam. Auf der Straße war mir auch kein Fahrzeug mehr entgegen gekommen. In meinem Kopf kam die Idee auf, es konnte bergauf schneller gehen, wenn ich den Berg rüber und nüber fahre (im Zickzack). Die Kurven wurden immer kürzer und plötzlich lag ich auf der Straße. Dem Moped war nichts geschehen. Ich hatte auch nicht einen Kratzer abbekommen. Aber mein Anzug und die fast neuen Schuhe konnte ich wegwerfen, sie waren hin.

Mit drei Kollegen spielten wir einmal in der Woche Skat. Dabei gab mir der Koll. Werner den Tipp auf eine junge Frau, die bei der Sparkasse in Apolda arbeitete. Dort war ich auch und konnte die Frau sehen und sie gefiel mir. Ihr Name war Ingrid Schwartze. Ich sprach sie auch an. Sie sollte zu dieser Zeit zur Kur und es war keine Zeit mehr darüber zu sprechen. Sie schickte mir Grüße von ihrer Kur und teilte mir mit, wann sie wieder auf Arbeit ist. An dem Tag wartete ich auf sie vor der Sparkasse. Ich durfte sie auch nach Hause begleiten und hier stellte sie mir ihren 3 jährigen Sohn Carsten vor. Ich war ihm gleich sympathisch, mir er übrigens auch. Sie teilte mir mit, wer der Kindesvater war. Der Erzeuger des Kindes bestritt der Vater zu sein. Meine zukünftige Schwiegermutter bestand darauf, es sollte ein Vaterschaftstest durchgeführt werden, da ihre Tochter fest dabei blieb, der Filmvorführer war der Vater. Mutter beantragte dann die Vaterschaftsfeststellung. Es wurde eindeutig festgestellt, dass dieser Mann der Vater war und wurde zur Unterhaltszahlung verpflichtet. Sie erzählte mir dann, warum der Junge furchtbare Angst vor weißen Kitteln und Spritzen hatte.

Die Blutentnahme zur Vaterschaftsanerkennung soll ihm aus dem Kopf genommen worden sein, er habe dabei sehr geweint und sogar geschrien.

Wir holten uns gegenseitig von der Arbeit ab und auch sehr oft gemeinsam das Kind aus dem Kindergarten in der Herressener Straße. Das war im Frühjahr 1970. Wir wurden uns sehr bald einig und heirateten am 10.Oktober 1970. Zuerst wollten wir zu ihrem 21. Geburtstag heiraten, das war aber der 18. Juli. Der Tag meiner ersten Eheschließung. Bei der Eheschließung erhielt Carsten auch meinen Familiennamen Rodner. Vorher hatte er den Familiennamen der Mutter – Schwartze -. Auf den neuen Namen war er sehr stolz, vor allem, weil er nun einen Papa hatte und wurde zornig, wenn ihm die Kinder im Kindergarten Carsten Schwartze riefen. Dann sagte er: „Ich heiße nicht Carsten Schwartze, ich heiße Carsten Rodner“. Wir wohnten dann noch bis zum Frühjahr 1971 bei ihren Eltern, die selbst 6 Kinder hatten und eine 3 Zimmer Wohnung. Zu dieser Zeit wurden dann die Bodenkammern ausgeräumt und Roland, Lothar und Herbert schliefen dann in diesen Kammern und waren froh ein eigenes Zimmer zu haben.. Die Schwiegermutter, Christa Schwartze, war dann so oft auf dem Wohnungsamt und hat dann im Mai 1971 für uns eine 1 Raum Wohnung mit Küche in der damaligen Straße der Deutsch-Sowjetischen – Freundschaft bekommen, genau an der Kreuzung gegenüber des Obst – und Gemüsegeschäftes Mosig. Das Haus befand sich auf der rechten Seite in Richtung Bahnhofstraße und 2 Häuser vor dem Kinderheim. Mein Sohn Fred aus erster Ehe war dann 2 mal bei mir und erzählte mir schlimme Sachen, was die Mutter so alles mit ihm tat.

Deswegen bemühte ich mich nach Absprache mit meiner Frau Ingrid den Jungen zu uns zu bekommen. Seine Mutter gab sofort das Einverständnis und der Junge war fortan bei uns. Wir teilten dann das große Schlafzimmer durch den Schlafstubenschrank in zwei Bereiche. So hatten die beiden Kinder ihren eigenen Bereich und wir hatten Ihnen ein Doppelstockbett da hinein gestellt. Meine Frau Ingrid stellte den Adoptionsantrag für Fred, der auch schnell genehmigt wurde. Noch im selben Jahr wurde Fred dann in die Otto – Grotewohl – Schule in Apolda, Lessingstraße eingeschult.

Ein Jahr später konnten wir eine 3 Raumwohnung in der Stobraerstraße 17 beziehen. Hier hatten wir 1 Wohnstube, 1 Schlafstube, 1 Kinderzimmer, 1 Küche und einen Raum mit Toilette und Waschmöglichkeit. Im Winter haben wir dort 1 Kanonenofen aufgestellt, weil in diesem Raum kein Ofen und auch kein Badeofen mit Wanne vorhanden war. Dieser Ofen erglühte sehr schnell und strahlte auch schnell Wärme aus, hielt diese aber nicht lange an. Wir wollten, dass sich die Kinder daran gewöhnen allein zu bleiben, deswegen sind wir Abends eine Runde spazieren gegangen. Wir sind dann gern mal um das Wohnviertel gelaufen, während unsere Beiden im Bett lagen. Einmal kamen wir wirklich zur rechten Zeit zurück. Es war Winter und wir hatten Feuer in diesem Kanonenofen, der dann glühte. Die Kinder waren aufgestanden, hatten sich Papier geholt und an den glühenden Ofen so lange daran gehalten, bis das Papier zu brennen begann und fuchtelten damit im Waschraum und in ihrem Kinderzimmer umher. Wenn das Papier dann brannte und ihren Händen zu nahe kam, warfen sie das brennende Papier auf den Fußboden. Da kamen wir gerade zurück und konnten schlimmeres verhindern. Natürlich erklärten wir den Kindern, was hätte alles geschehen können. Sie versprachen, dass sie so etwas nicht wieder tun würden.

In der Zeit bei der Schutzpolizei wurden wir im Rahmen der fachlichen Weiterbildung nach Jena zur Gerichtsmedizin in die Schillerstraße gebracht und sollten dort an einer Leichenöffnung teilnehmen, um zu sehen, wie dies geschieht. Während der Gerichtsmediziner die Leiche öffnete, war der Kollege Siegfried T. sehr vorlaut und trat immer näher an den Seziertisch ran. Das muss dem Arzt wohl zu weit gegangen sein. Er hatte gerade die Leber entfernt und diese untersucht. Dabei hat er ein paar Stückchen der Leber den Polizisten absichtlich auf dessen Stiefel fallen lassen. Davon wurde ihm schlecht und er verließ den Untersuchungsraum.

In der Zwischenzeit hatte ich mir in der Schutzpolizei das Schreibmaschinenschreiben im sogenannten Zweifingersuchsystem beigebracht. Wir hatten auf der Wache eine mechanische Schreibmaschine von Optima. Da konnte ich darauf üben, wenn ich zur Wache im VPKA eingeteilt war. Ich hatte in den Jahren 1966 bis 1968 die Volkshochschule besucht und den 10 Klassenabschluss nachgeholt. Hier geschah mir folgendes: Ich hatte Spätschicht von 14.00 – 22.00 Uhr und Streifendienst in der Stadtmitte von Apolda. Es ging schon auf 21.30 Uhr zu und ich war in der Bachstraße, als ein Mopedfahrer ankam. Ich pfiff mit der Trillerpfeife und gab dem Fahrer das Zeichen zum Anhalten. Was dieser auch tat. Als ich auf ihn zukam, sah ich, dass sein Rücklicht am Moped S 51 nicht brannte, erkannte aber den Fahrer. Er saß mit mir in der Volkshochschule. Er war 19 Jahre alt und hatte die Schule mit Abschluss der 8. Klasse verlassen. Da ich ihn kannte, übersah ich, dass sein Rücklicht einen Defekt hatte und sprach nur ein paar Worte mit ihm über die Schule. Am nächsten Schultag hat er den Mitschülern erzählt, der Rodner ist so dumm, er hat mich angehalten und nicht gesehen, dass mein Rücklicht am Moped nicht brannte! Das wurde mir auch wieder erzählt. Meine Schlussfolgerung war, lass keinem mehr etwas durchgehen, es wird dir zum Nachteil ausgelegt. Unser Mathe – und Chemielehrer war Horst Rodegast. Er wurde später Mitglied in unserem Ortsverband BRH mit seiner Freundin Marlis. Ich sollte dann Leiter der Polizeiwache werden und man ließ mich zum Fernstudium an der mittleren Polizeifachschule in Aschersleben zu. Der Unterricht erfolgt in der Außenstelle in Weimar. Das Studium begann im Herbst 1969. In dieser Zeit wurde ein Angehöriger der Transportpolizei nach Apolda versetzt zur Schutzpolizei und er wurde als Leiter der Wache eingesetzt. Er hatte die ABV (Abschnittsbevollmächtigter) Schule in Wolfen besucht und war Unterleutnant geworden.

Am 07.10.1970 zum Tag der Republik sollte ich nach Dienstschluss mit einem Kollegen zum Einsatz. Dabei erlitt ich einen Dienstunfall bei der vorläufigen Festnahme eines Täters, der seine Mutter geschlagen hatte. Ich brach mir das linke Handgelenk und der Meniskus im rechten Knie wurde angerissen. Mit Gips am Arm und Bandage am rechten Bein heirateten wir am 10. Oktober 1970. Ein Jahr später habe ich dann mein Praktikum bei der Kriminalpolizei durchgeführt. Der damalige Leiter der Kriminalpolizei war Hauptmann Schäfer. Er muss mit mir zufrieden gewesen sein, denn er stimmte meiner Versetzung zur – K - zu. Ich wurde dann Sachbearbeiter zur Aufklärung unbekannter Straftaten gemeinsam mit dem Kollegen Heinz G. Da ich in den K.-Dauerdienst mit eingespannt wurde, bekam ich auch einen Telefonanschluss zu Hause.

Während wir in der Schutzpolizei im 3 Schichtsystem Dienst verrichteten, zu je 8,0 Stunden, davon auch 1,0 Std. Pausenzeit, war das in der Kriminalpolizei anders geregelt. Unser Arbeitstag begann 07.00 Uhr und dauerte so lange, bis die tägliche Arbeit getan war. Wir waren etwa 12 Kollegen in der K und täglich hatte immer ein anderer Kriminalist den sogenannten K.-Dauerdienst. Er war 24 Stunden ununterbrochen für alle Neuanfälle zuständig. Dazu waren Materialien und Gegenstände für diesen Dienst in zwei Koffern, die wir beim Einsatz immer mitnehmen mussten. Bei Neuanfall von Straftaten oder solchen Verdachtsfällen musste der Kriminal-Dauerdienst raus und sich der Sache annehmen. Er war für die Tatortsicherung und Tatortuntersuchung verantwortlich und musste an den jeweiligen Tatorten nach

Spuren suchen (Werkzeug,- Fingerabdruck,- Fuß,- und Schuhspuren) und diese auch sichern. Bei Verdacht auf Sexualstraftaten kamen noch eine Reihe anderer Spuren dazu. In manchen Fällen musste ein Arzt hinzugezogen werden. Bei bestimmten Straftaten kam auch ein speziell ausgebildeter Diensthund zum Einsatz, z. B. bei der Verfolgung einer Täterspur. Aber wir konnten an Tatorten auch Geruchsspuren sichern, die der Täter durch berühren von Gegenständen am Tatort hinterlassen hatte. Diese wurden durch spezielle keimfreie Tücher, die in keimfreien Gläsern aufbewahrt wurden, gesichert. Sie wurden um den Gegenstand gelegt, (das Tuch durfte nicht angefasst werden) der vermutlich Spurenträger war und dann in einem keimfreien Glas konserviert. Wenn wir einen Verdächtigen ermittelten, wurde auch der Diensthund zum Einsatz gebracht. Dem Diensthund wurden mehrere Personen gegenüber gestellt. Dann wurde ihm die Geruchskonserve vorgehalten und er ging dann zu den in Reihe stehenden Personen. Entdeckte er den, dessen Geruch mit der Konserve übereinstimmte, setzte er sich vor dem Verdächtigen.

Der Arzt wurde vor allem bei Selbsttötungsdelikten geholt, er musste den Tod feststellen und die Todesursache ermitteln. Kam er zu einem Verdacht, musste ein Gerichtsmediziner heran gezogen werden.

Wohnte der K.-Dauerdienst in Apolda, konnte er diesen Dienst von zu Hause aus verrichten. Das bedeutete, in der Nacht musste man mehrmals aus dem Bett und dann trotzdem früh 07.00 Uhr da sein, weil man berichten musste, was in der Nacht geschehen war und was man veranlasst hat. Da waren die Kollegen von außerhalb besser dran, sie verbrachten diesen Dienst im Amt und durften dann morgens nach der Auswertung nach Hause und hatten den restlichen Tag frei.

Unser Leiter -K - erkrankte und wurde in dieser Funktion abgelöst. Seine Nachfolger kam aus Weimar und hieß Wolfgang E., er war Hauptmann. Mein unmittelbarer Vorgesetzter und Leiter unseres Sachgebietes war Günter Schw. Er erzählte mal, das in den 50ziger Jahren ein Kriminalist in Apolda seine Ehefrau getötet hatte. Beinahe wäre das nicht rausgekommen. Diese Frau soll in der Badewanne gebadet haben, dabei habe er ihr ruckartig die Füße weggezogen, hierbei geriet sie mit dem Kopf unter Wasser. Da er sie so gehalten hatte, war sie ertrunken. Es soll alles so ausgesehen haben, als wenn sie einen Selbstmord begangen habe. Doch man konnte ihm an Hand von Abdrücken im Bereich der Fußfessel beweisen, dass er sie gezogen hatte.

Im Jahr 1973 wurde unser Sohn Carsten in die Otto – Grotewohl – Schule eingeschult. Ihn habe ich dann auch adoptiert, dazu erklärte er vor einer Angestellten des Bereichs Jugendhilfe beim Kreis Apolda seine Zustimmung. Natürlich haben wir beide Ereignisse der Schuleinführungen im Kreis aller Verwandten tüchtig gefeiert. Das wurde auch mal über mehrere Tage hingezogen und in den Schrebergärten weitergefeiert. Unsere Kinder besuchten nach dem Schulunterricht den Hort, der nicht weit von der Schule auch in der Lessingstraße war. Eines Tages, ich holte die Kinder vom Hort ab, erzählte mir die Hortnerin vom Fred folgendes: Sie wären heute im UWR (Uhrenwerk Ruhla) Betriebsteil Apolda gewesen mit der Gruppe, und sie habe über Fred gestaunt. Der Hortnerin war bekannt, das Fred ein sehr schlechter Esser war. Nachdem die Kinder durch den Betrieb geführt worden waren, gab es für die Kinder Knackwurstbrötchen. Fred habe zwei solcher Brötchen gegessen.

Das habe ich abends auch meiner Frau erzählt. Noch am selben Abend machte sie ihm 2 halbe Brotscheiben mit Knackwurst. Bisher hat er kaum eine Scheibe Brot abends gegessen, aber auf Grund der Schilderung der Hortnerin war Hoffnung aufgekommen, das er heute tüchtig zulangen würde. Leider nicht. Sie ließ ihn dann allein, mit Mühe hatte er eine halbe Scheibe Brot gegessen. Sie bat ihm, das er doch essen möge, er wäre ja doch schon sehr dünn. Er versprach zu Essen, während sie sich um Carsten kümmern konnte. Ich war im Garten. Ingrid erzählte mir dann, Fred habe beide Brothälften aufgegessen.

Zu Sylvester konnte man sehen, er hatte nicht aufgegessen. Die halbe Scheibe hatte er mit der Wurst unter der Tischplatte auf den Auszieh-teil abgelegt und wir hatten darauf einen mächtigen Fettfleck.

Er wurde dann mit 7 Jahren in das Kinderheim nach Wiek auf Rügen zur Kur für 4 Wochen geschickt (da, wo er gezeugt worden war). Er kam genauso dünn wieder, wie er hingefahren ist. Wir hatten ihn zweimal ein Päckchen mit Ess – und Süßwaren geschickt, das haben ihm die Erzieherinnen nicht ausgehändigt. Sie gaben auch den Grund dann auf meine Nachfrage an. Ein Kind allein sollte das nicht Essen und naschen, wenn die anderen nichts haben. Angeblich habe man dann allen Kindern gleichzeitig etwas davon abgegeben. Nur wie er am Tag der Abreise in Apolda ankam, wir holten ihn am Zug ab, das war richtig schlimm. Nur den Anorak über dem Unterhemd, die Schuhe runtergetreten und pitschnass, keine Strümpfe an. Er hatte noch jede Menge Ersatzwäsche und Schuhe im Koffer. Die Erzieherinnen hatten das anziehen jedem Kind selbst überlassen. (Sie waren tags zuvor noch am Strand wandern, er lief auch durch das Wasser im Bodden, da hatte er sich die nassen Schuhe geholt)

Meine Schwiegermutter, die von ihrem Mann getrennt lebte (er hatte sich eine jüngere Frau gesucht und war ausgezogen), hatte einen Kleingarten in der Gartenanlage „Am Heerweg“. Hier war ihre Tochter Gisela mit ihrem Mann Hans Jochen sehr aktiv. Hier haben wir ebenfalls viele Familienfeiern durchgeführt. Schwager Jochen hatte einen langen Tisch im Garten stehen, wo wir öfter eine sogenannte „Ziehung“ machten. Das heißt, wir tranken ganz schön Alkohol.

Ich kann mich noch erinnern, ich wurde zum Trinken überredet und habe dann mitgemacht. Zu jedem Schnaps den ich trank habe ich an der Tischkante mit Bleistift ein Zeichen gemacht, ich wollte später wissen, wieviel ich getrunken hatte. Der Nachhauseweg fiel mir ganz schön schwer, aber meine Frau hat mich ja geleitet. Wir wohnten da noch in der Stobraerstraße.

Ab 1972 habe ich mit meinen Kollegen Bobo W., Bernhard T. und Klaus Z. Skat gespielt, abwechselnd bei Jedem in dessen Wohnung. Die Frauen waren dabei und spielten Rommè. Wir haben auch in der Schutzpolizei mitunter große Späße gemacht und auch mal gegen bestehende Weisungen verstoßen. Etwa zwei Jahre lang, haben wir unseren Kollegen Bernhard T. geärgert. Ein Kollege Siefried M. ging zur Ehefrau am Sylvester Abend und hat von ihr eine Flasche Wein abgefordert, angeblich hatte diesen ihr Mann geschickt. Sie übergab ihm auch die Flasche Wein. Im zweiten Jahr sagte er seiner Frau, wenn der M. wieder kommt, gibst du diesmal keinen Wein raus. Er war aber so, dass er seine sogenannte Weisung an seine Frau in der Schicht den Kollegen erzählt hatte. In einer Schicht musste der Bernhard irgendetwas gegen Unterschrift entgegen nehmen und hat dies getan. Siegfried M. hatte sich die Unterschrift sozusagen, auf ein Blatt, welches er darunter gelegt hatte, geben lassen. Zum Sylvester im nächsten Jahr hatte er auf den formlosen Zettel draufgeschrieben: „Renate gib bitte den Vorleger dieses Zettels eine Flasche Wein". Sie erkannte die Unterschrift und übergab die Flasche. Zum Jahreswechsel haben wir mit ihm auf das neue Jahr angestoßen. Erst am Morgen erfuhr er von seiner Frau den Sachverhalt. Er nahm uns das sehr übel.

In unserem Kleingarten hatten wir rote und schwarze Johannisbeeren, Brombeeren und Erdbeeren angebaut und auch geerntet. Auch einen Apfelbaum, einen Pfirsichbaum und einen Süß – Kirschbaum hatten wir. Ab der Erdbeerernte wurde ein Rumtopf angesetzt indem alle Früchte des Gartens kamen. An unsere erste Sylvester Feier denke ich noch oft. Ich hatte gleich nach dem Abendbrot den Rumtopf auf den Tisch gestellt und alle langten ordentlich zu. Selbst die hartgesottensten waren dann gegen 22.00 Uhr mit dem Kopf auf dem Tisch eingeschlafen und die Feier war zu Ende. Bei den Feiern, egal zu welchem Anlass, war immer die Familie Hahn (Schwester Traudel mit ihrem Mann Wolfgang) dabei. Was mich am meisten störte in dieser Wohnung, in der Stobraerstraße war das Glockengeläut am Samstagabend um 18.00 Uhr, sehr deutlich zu hören.. Die Kirche befand sich direkt gegenüber auf der anderen Straßenseite. Sonst hat mich das nicht gestört und habe das Geläut kaum gehört. Aber ab 18.00 Uhr wurde der Sport im Fernsehen übertragen, ich habe dann kaum etwas von der Übertragung gehört (aber noch gesehen).

In diesem Jahr ab 1972 feierten wir im Sommer alle möglichen Gelegenheiten im Garten, oft bei mir in der Max – Plank – Str. und auch oft bei unseren Schwager in der Gartenanlage „Am Heerweg". Auch der jüngere Bruder meiner Frau, Lothar mit Ehefrau und den Kindern Isabell und Sandra waren dabei. Wir spielten Versteck und die Erwachsenen suchten die Kinder, dabei setzten wir auch mal eine Atemschutzmaske der NVA auf und erschreckten dabei die Kinder, die das alle überstanden. Natürlich waren unsere Kinder und die Kinder von Jochen und Gisela auch dabei. In der Gartenanlage „Am Heerweg" hatte auch der jüngste Bruder meiner Frau, Herbert einen Kleingarten. Er und seine Frau Ute kamen manchmal auch zu unseren Feiern. Sie blieben aber gern allein in ihrem Garten.

Im Jahr 1976 bekamen wir in Apolda – Nord eine 3 Zimmer Neubauwohnung mit Küche und Bad. Die Wohnstube war 24 qm, die Schlafstube 16 und das Kinderzimmer 12 qm. Für die Kinder stellten wir das Doppelstockbett rein und 1 Couch. Wir kauften uns neue Möbel für die Wohnstube und für das Schlafzimmer. Aus dieser Wohnung wollte ich nie wieder ausziehen, wir hatten das erste Mal eine Badewanne, warmes Wasser aus der Leitung und Fernheizung. Noch in gleichen Jahr legten wir uns einen Farbfernsehgerät aus Staßfurt zu. Ich hatte schon darauf hingewiesen, ich war bei der Polizei und in der Partei, meine Frau auch. Wir durften keine Westverwandtschaft haben und kein Westfernsehen sehen. Wir mussten unsere Kinder mit dieser Problematik vertraut machen. Sie gaben uns zu verstehen, das so etwas bei ihnen nicht vorkäme. Meine Schwägerin Christa wohnte mit Bruder Herbert in Bad – Blankenburg in einer 4 Raumwohnung. Er war Betriebsschlosser und sie Monteurin im Antennenwerk. Dort wurden auch Kassettenrecorder gefertigt. Sie besorgte uns 2 dieser Recorder, die unsere Kinder zu Weihnachten bekamen. Darüber freuten sie sich sehr. Eines Tages nahm Carsten diesen Recorder nachmittags zum Pioniertreffen mit. Gefragt hatte er nicht, ob er dies tun dürfe. Noch am selben Tag wurde ich von der Schulleiterin angerufen und sie teilte mir mit, Carsten habe sich etwa ganz schlimmes erlaubt. Ich wollte wissen was? Ich erfuhr dann, er hatte sich von einem Mitschüler eine Kassette geben lassen mit dem Lied: „Sonderzug nach Pankow“. Das Lied war in der DDR verboten worden. Er hat dies abgespielt und die Pionierleiterin war dazu gekommen. So nahm es eben seinen Lauf, ich schlug ihr vor, ihm den Recorder wegzunehmen und einzubehalten. Eine Strafe musste ja sein. Nein er kam mit dem Recorder heim. Ich habe ihm eine Standpauke gehalten und erklärt, was er mir möglicherweise für Ärger bereitet habe. So kam es auch, ich kam am nächsten Tag zum Dienst und sollte mich umgehend auf der Parteikreisleitung in der Parteikontrollkommission melden, was ich auch tat. Ich bin wirklich knapp an der Parteistrafe vorbei gekommen. Wenn dies geschehen wäre, so hätte das bedeutet, meine Dienstzeit bei der Polizei wäre zu Ende gewesen. Beide Kinder mussten mir versprechen, das sie immer Fragen würden, bevor sie etwas ähnliches tun wollten.

Ich hatte schon 1968 einen Antrag auf ein en PKW „Wartburg“ gestellt. Meine Frau 1971 auf einen „Moskwitsch“. Wir hätten noch lange warten müssen, bis wir einen neuen PKW kaufen konnten. Daher hatte ich in der KFZ.- HO nachgefragt, ob ich mich auf einen Saporoshez 968A ummelden könnte. Noch im gleichen Monat im September 1978 erhielten wir die Nachricht, dass wir diesen PKW bekommen könnten und sollten innerhalb kurzer Zeit die ca. 13.000,00 Mark bezahlen für diesen PKW. So schnell hatten wir auch nicht damit gerechnet und uns fehlten 4000,00 Mark an der Gesamtsumme. Ich fuhr nach Obertrebra und bat die Mutter mir das Geld zu leihen. Was sie auch tat, nachdem sie das Geld von ihrem Sparbuch abgeholt hatte. Ich versprach ihr jeden Monat 500,00 Mark in Raten zurück zu zahlen. Dann bezahlte ich das Geld für den PKW und wir konnten in Erfurt das Auto abholen. Was ich aber nicht tat, ich zahlte der Mutter nicht regelmäßig wie versprochen, die 500,oo Mark zurück. Wir brauchten auch Geld für andere Ausgaben. So habe ich eben jeden 2. Monat ihr 1000,00 Mark zurück gezahlt. Leider habe ich das auch nicht durchgehalten und fuhr mit dem letzten 2000,00 Mark nach 4 Monaten nach Obertrebra zu der Mutter. Als ich ihr diese 2000,00 Mark übergab, mahnte sie mich und sagte, das immer noch 1000,00 Mark fehlten. Ich habe ihr zugeben müssen, ich hatte unregelmäßig gezahlt, aber dies sei wirklich die letzte Rate. Sie holte ihr Sparbuch und da lag sogar noch meine letzte Rate in Höhe von 1000,00 Mark noch drin. Sie bestritt das. Ich hatte eigentlich keinen Grund ihr Böse zu sein, denn ich war derjenige welcher sich nicht an die Absprachen gehalten hatte. Ich verließ die Mutter richtig Böse, die zu diesem Zeitpunkt allein zu Hause war, fuhr nach Apolda, teilte meiner Frau mit, was geschehen war. Sie schlug vor, ihre Mutter zu fragen, ob sie mir diese nachgeforderten 1000,00 Mark borgen würde. Sie tat dies, ich fuhr zurück nach Obertrebra und gab ihr die 1000,00 Mark. Ich gebe zu, ich wollte nie wieder was mit meiner Mutter zu tun haben. Meine Frau bekam das Alles wieder hin. Sie war diejenige, die die ersten paar Mal wieder mit dem Zug hingefahren war. Sie bat mich eindringlich, das ich wieder mit meiner Mutter sprechen soll. Nach längerer Zeit bin ich wieder mit nach Obertrebra gefahren. Mutter hat nie wieder über diese Sache gesprochen, ich übrigens auch nicht.

Es war im Jahr 1972. Ich wurde zum K.-Leiter gerufen und er teilte mir mit, ich hätte in meinem Personalbogen unwahre Angaben gemacht. Da ich ihm bestimmt dumm angesehen hatte, klärte er mich auf. Meine Mutter hatte einen Antrag auf Westbesuch gestellt, sie war schon Rentnerin und hatte in ihrem Antrag angegeben, sie wolle ihre Nichte in Nordrhein – Westfalen besuchen. Von ihren Eltern hatten wir, etwa um das Jahr 1955 ein oder zweimal ein Päckchen geschickt bekommen. Sie wohnten bis zur Übersiedlung in die BRD in Apolda und waren wie wir Vertriebene aus dem Sudetenland. Unsere Eltern verstanden sich bis zu dieser Übersiedlung sehr gut. Dann war eigentlich Ruhe zwischen ihnen eingekehrt. Doch plötzlich hatte Mutter von der Tochter dieser Familie eine Karte erhalten mit einer Einladung. Diese wollte sie sich nicht entgehen lassen. So stellte sie diesen Antrag ohne mit mir darüber zu sprechen, sie wusste, doch wo ich arbeite. Ich erklärte meinem Chef das alles und bat ihm ‚der Mutter diese Reise nicht zu gestatten. Ein oder 2 Wochen später teilte sie mit, sie könne fahren. Ich musste sie aufklären und bat sie, nicht meine Anschrift dort anzugeben und mir bitte von da keine Post zu schicken. Es ging dann alles schnell und gut ab.

Nachdem wir den Saporoshez gekauft hatten, fuhren wir viel im Harz umher, oft zu Familie Lange nach Magdeburg und in das Erzgebirge. Dabei waren wir in Oberwiesenthal und sind auch in die damalige CSSR (Tschechisch-Slowakische-Sozialistische Republik) gefahren. Von dieser Reise hatten wir meinen und ihren Geschwistern erzählt und dann wollten welche, das wir Zigaretten und Becherovka (ein Kräuterlikör) mitbringen sollten. Wir hatten alles eingekauft und nicht daran gedacht, dass es Zollbestimmungen gab, die nur eine bestimmte Menge an Zigaretten und Alkohol vorschrieben, was aus der CSSR ausgeführt werden durfte. Wir kamen an die Grenze und mussten uns an der Zollkontrollstelle anstellen.

Hierbei sah ich, das man einen bekannten Apoldaer, der mit seinem Moskwitsch da war, im Hof der Kontrollstelle richtig auseinander nahm. Ich flehte meine Frau an und sagte: „Bitte, bitte, lass uns nicht kontrollieren und dann noch neben dem Mann mit dem PKW stehen lassen“. Wir hatten Glück und durften durchfahren. Wären wir kontrolliert worden, dann hätte ganz Apolda gewusst - Rodner hat mit Zigaretten und Schnaps geschoben. Dabei rauche ich seit 1968 nicht mehr und trinke (bitte nur in Ausnahmefällen) keinen Alkohol.

In diesem Zusammenhang möchte ich sagen, wie es einem Kollegen an der Grenze von der CSSR nach der DDR ergangen war. Er hatte auch mehr Zigaretten und Alkohol eingekauft, als es erlaubt war und kam an die Zollkontrolle der CSSR. Auf die Frage, ob er etwas zu verzollen habe, sagte er ohne nachzudenken „Nein". Sofort kam die Forderung, : „Fahren sie rechts ran und öffnen sie den Kofferraum und alle Türen". Was er auch tat. Es wurde festgestellt, er hatte zuviel eingekauft und da er auf die Frage, ob er etwas zu verzollen habe, nein gesagt hatte. Wurde sein Personalausweis abverlangt. Er musste Zoll nachzahlen, bekam seinen Ausweis wieder und sah einen Stempel auf der letzten Innenseite. Er konnte aber kein tschechisch. Erst als er wieder zum Dienst erschien, zeigte er den Ausweis den Kollegen. Einer konnte das lesen und da stand auf diesem Stempel sinngemäß das Wort „Schieber". Er hatte auch noch Glück, dass er sich dort nicht als DDR – Polizist zu erkennen gegeben hatte. Er musste aber den Eintrag in seinem Ausweis melden, bekam eine Rüge ausgesprochen und einen neuen Personalausweis.

Ich habe gleich zu Beginn meiner Tätigkeit bei der – K - mehrere unbekannte Laubeneinbrüche bearbeiten müssen. Unter anderen war bei einem Bäckermeister in dessen Laube eingebrochen worden und hier wurden fast 200,00 Mark nur Hartgeld gestohlen. Ich konnte diesen jungen Mann, er war knapp 17 Jahre alt und wohnte bei seiner Oma ermitteln. Seine Eltern wohnten zu dieser Zeit in der „Klause", so hieß die Straße. Der vermutliche Täter bestritt ganz hartnäckig, diese Einbrüche begangen zu haben. Der diensthabende Staatsanwalt gab mir eine Anordnung zur Hausdurchsuchung, bzw. seines Zimmers bei der Oma. Die Durchsuchung wurde in seiner Gegenwart von einem Kollegen und mir durchgeführt. In seinem Bett unter der Matratze fanden wir einen Plastebeutel voll mit Hartgeld, es waren knapp 200,00 Mark. Bevor wir die Wohnräume wieder verließen, gab mir die Oma ein Päckchen mit ein paar belegten Broten für den Enkel. In meinem Büro habe ich ihn dann noch oft gefragt, ob er nicht endlich gestehen will, das er das war.

Er behauptete dann noch, das die Oma ihm das Geld ins Bett gelegt habe. Nach ca. 1 Std. hatte er mich so in Rage gebracht, ich schlug ihn ins Gesicht und er fing sofort an zu heulen. Ich bekam ein schlechtes Gewissen, denn es war verboten, die Täter, Verdächtige oder Zeugen zu schlagen. Mein Zimmer lag noch neben dem des Chefs. Ich gab ihm das Frühstück, welches die Oma für ihn mitgegeben hatte und ließ ihm im Wartezimmer Platz nehmen, da konnte er auch Essen. Nach ca. ½ Stunde ging ich zum ihm raus, da sagte er auf einmal zu mir: „ Herr Rodner, ich gebe zu, ich habe die Einbrüche gemacht“. Er zählte dann ca. 12 solcher Einbrüche auf. Ich war unheimlich benommen und glaubte es selbst nicht. Ich glaube sogar, das ich mir selbst etwas darauf eingebildet habe. Ich bin nicht stolz auf diese Handlung, aber es gehört zur Wahrheit dazu und man muss auch dazu stehen. Meinem Chef hatte ich das gebeichtet, er meinte nur, das er nie wieder so etwas von mir erleben möchte. Ich habe mich seitdem daran gehalten.

Als ich bei der Kriminalpolizei offiziell Dienst verrichtete, waren wir im Haus Apolda, Bahnhofstraße 25 untergebracht. Im Erdgeschoß war die Abteilung Pass – und Meldewesen, deren Leiter Hauptmann. d. VP Peter H. war. Wir waren im 1. und 2. Stock unter dem Dach untergebracht. Zu meinen Vorgesetzten gehörte der Leiter der Abt. Kriminalpolizei Hauptmann d. K Wolfgang E. Mein Kommissariatsleiter Oberleutnant d. K Günter Schw.. Meine weiteren Kollegen Oberleutnant d. K Alfred B., Oltn. K Gottfried B. aus Weimar, Oltn. d. K Kurt L. aus Rannstedt, Leutnant d. K Max Z., Ltn. d. K Heinz G., Ultn. d. K Jürgen L., unsere Sekretärin Frau Hilde R., Ltn. d. K Martin F., Ltn. d. K Heinz K. und Ltn. d. K S., sein Vorname ist mir entfallen, sie waren in Apolda wohnhaft. Zu uns gehörte auch der Oltn. d. VP Heinz K. aus Niederroßla, er war der uns zugeteilte Kraftfahrer und fuhr den zu unserem Bereich gehörigen Wartburg 312. Unser Kraftfahrer stand kurz vor seiner Berentung. Als er dieses Ziel erreicht hatte, nahm man uns den Wartburg nach einige Zeit weg. Wir waren alle Selbstfahrer geworden, außer mir, ich hatte keine Polizei Fahrgenehmigung. Wir bekamen später einen neuen Trabant 601- beigefarbig-. Auch die Sekretärin schied dann wegen Erkrankung aus und wir bekamen eine junge Frau namens S. R., diese war auch nur kurze Zeit bei uns und beendete wegen Problemen in der Ehe ihr Dienstverhältnis. Dann kam Frau Regina S. zu uns als Sekretärin des Leiters Kriminalpolizei. Hier in dieser Zeit behauptete ein Kollege, das man ihm Geld aus seinem Schreibtisch genommen habe und drei Mitarbeiter wurden verdächtigt. Zu denen gehörte ich. In meinem ersten Buch habe ich das fast ausführlich geschildert. Noch zu der Zeit, als wir den Wartburg noch hatten, durfte ich beim Schirrmeister Rudi V. die Polizei Fahrerlaubnis ablegen. Ich befuhr die Dornburgerstraße mit ihm in Richtung Darrplatz. Das war eine abbiegende Hauptstraße. Die Fahrt dauerte etwa 30 min., im VPKA machte er mit mir die Auswertung und teilte mir mit, dass ich durchgefallen sei, da ich bei der abbiegenden Hauptstraße zum Darrplatz den „Schulterblick" nicht gemacht habe. Dazu kommt, in der Nacht schneite es etwas. Am gleichen Tag katte ich den Kriminaldauerdienst bis zum nächsten Morgen 07.00 Uhr. Gegen 02.30 Uhr wurde ich angerufen, es gab einen Toten an der Straße zwischen Kapellendorf und Oberndorf. Ich teilte den diensthabenden Offizier mit, das er auch gleich den Bereitschaftsfahrer anrufen sollte, da ich ja nicht selbst fahren durfte. An dem Tag hatte es in der Nacht gefroren. Die Straßen waren vereist. Der diensthabende Offizier teilte mir dann mit, der Bereitschaftsfahrer sei heute der Schirrmeister, er habe ausrichten lassen, ich hätte doch den Polizeiführerschein bestanden und ich sollte selbst fahren. Das hatte ich der glatten vereisten Fahrbahn zu verdanken.

Ein junger Mann war zum Tanz in Kapellendorf. Auf dem Nachhauseweg, hatte er vermutlich urinieren müssen. Kurz hinter Kapellendorf in Richtung Oberndorf, war er neben der Straße auf einen Stapel Holzstämme geklettert, diese seien ins Rollen gekommen und hatten ihn dabei überrollt. Hierbei soll er den Tod gefunden haben. So war ich gezwungen morgens gegen 04.00 Uhr zu seinen Eltern nach Hohlstedt zu fahren, um ihnen die Todesnachricht zu überbringen. Bei diesem Todesfall konnte eindeutig festgestellt werden, hier lag ein Unfall vor und keine Beteiligung von anderen Personen. Ich war unfallfrei dorthin nach Hohlstedt und wieder nach Apolda zum VPKA gekommen. Am nächsten Tag wurde mir dann der Polizeiführerschein ausgehändigt. Neben unserem Gebäude in der Bahnhofstraße 25 hatten wir auch die Garage für den Dienst – PKW. Ich muss dazu noch sagen, während meines Dienstes in der Schutzpolizei hatte ich bei der GST (Gesellschaft für Sport und Technik) die Fahrerlaubnis für Lastkraftwagen abgelegt. Diese berechtigt auch zum Führen von Traktoren, Krankenfahrstühlen, Personenkraftwagen und Bussen aller Art. Somit hatte ich den Führerschein zum Fahren eines PKW, aber für Kraftfahrzeuge der Polizei, musste man eben noch eine extra Berechtigung haben. Gleich an meinem erst Tag, als ich zum K – Dienst eingeplant war, es war übrigens am 23.12.1971, gab es meinen ersten Fall, wo ich es mit einer Leiche zu tun bekam. Ich wurde nachmittags angerufen und man teilte mit, in der Fr.-Engels – Straße habe sich eine ältere Frau wahrscheinlich selbst getötet. Mein Leiter – K - wollte mit und mich in die Bearbeitung solcher Fälle unterweisen. Als wir in die Wohnung kamen, sahen wir, die Frau war mit einem Strick an einem Haken an der Decke aufgehängt. Unsere erste Aufgabe war es, sie davon zu befreien. Ich nahm einen Stuhl und wollte sie abschneiden, während mein Hauptmann die Leiche festhielt, sie sollte ja nicht runterfallen. Ich habe den Strick durchgeschnitten und die weibliche Leiche kippte nach vorn über und dem Hauptmann auf die Schulter und aus ihrem Mund kam es wie ein

Stöhnen. Er war so erschrocken, er hätte sie beinahe fallen lassen. Die weitere Untersuchung ergab eindeutig eine Selbsttötung und wir fanden auch einen Abschiedsbrief. Im nach hinein erfuhr ich dann, es war auch dem Chef seine erste Leiche. Ich erfuhr auch, wenn eine erhängte Person abgeschnitten wird, und nicht an der richtigen Stelle festgehalten wird, klappt der Oberkörper nach vorn und dabei wird die restliche Luft aus der Lunge heraus gepresst. Das war das sogenannte Stöhnen. Während meiner 19 jährigen Dienstzeit bei der Kriminalpolizei hatte ich oft mit Leichen zu tun. Am schlimmsten war es für mich, wenn diese längere Zeit im Wasser oder auch in der Natur oder in Wohnungen lagen. Sie waren dann aufgedunsen und die Fäulnis war schon weit fortgeschritten. Wer im K.- Dienst mit solchen Fällen zu tun hatte, musste auch mit einem Vertreter der Staatsanwaltschaft zur Leichenöffnung gehen. In manchen Fällen geschah dies in der pathologischen Untersuchungshalle, die zwischen der Feuerwehr und dem alten Krankenhaus war, die gerichtsmedizinischen Untersuchungen waren in der FSU (Friedrich Schiller Universität) Bereich Gerichtsmedizin. Ich kann mich auch gut erinnern, ein etwa 9 jähriger Junge war ertrunken. In der sogenannten Leichenhalle Apolda erfolgte die pathologische Untersuchung. Damals war der Kollege Ltn. d. K Frank S. schon zu uns versetzt. Zu dieser Zeit war sein Sohn gleichaltrig. Ich habe noch zu ihm gesagt, komme nicht auf die Idee zu denken, dass es dein Sohn sein könnte. Doch er konnte nicht anders. Plötzlich fiel er wie ein Stein zusammen und war ohnmächtig geworden. Die Staatsanwältin und ich hoben ihn auf und brachten ihn an die frische Luft, hier erholte er sich wieder. Sie sehen daran, es gab zu unserer Zeit keine Psychologen die uns zur Seite standen, es gab nur die Möglichkeit damit fertig zu werden und das sind wir. Nur einmal wurde es mir schummrig. Bei der Öffnung einer Wasserleiche habe ich das alles überstanden. Als ich den Raum verließ war es Winter und sehr kalt. Ich ging zum VPKA zurück und betrat den Raum des Diensthabenden und stellte mich an den

Kachelofen. Das war mein Fehler, ich hatte mich darauf verlassen, das dies nun alles vorbei sei. Durch die Wärme stieg plötzlich dieser Fäulnisgeruch mir in die Nase, da soll ich leicht getaumelt haben.

Zu Beginn meines Dienstes in der Kripo habe ich einen Lehrer als Zeugen vernehmen müssen. Wie ich schon erwähnte, habe ich mir das schreiben auf einer mechanischen Schreibmaschine mit 2 Fingern beigebracht (was ich heute noch tue, auch am Computer). Wir hatten in der – K – bereits elektrische Optima Schreibmaschinen. Wenn man eine Vernehmung durchführen musste, gab es mehrere Möglichkeiten, wie man da heran gehen musste. Ich musste wissen, um was für einen Sachverhalt es sich handelt, ich musste die dazu notwendigen Fragen stellen und das Protokoll gleichzeitig dazu niederschreiben. Man konnte sich auf die Fragen konzentrieren oder auf das richtige Schreiben der Aussage des Zeugen. Eines litt dabei meinerseits bei dieser Vernehmung. Als ich mit der Protokollierung fertig war, legte ich dem Lehrer das Protokoll hin, er sollte es durchlesen und dann für die Richtigkeit der Niederschrift unterschreiben. Nach den Lesen der ersten Sätze holte er aus seiner Innentasche der Jacke einen Kugelschreiber heraus und unterstrich in diesem Protokoll die Fehler mit Rotstift. Das hat mich unheimlich angemacht und ich schämte mich sogar etwas. So sagte ich ihm zur Ausrede: „Die Fehler habe ich reingemacht und wollte sehen, ob sie diese finden, der Beweis, sie haben die Fehler entdeckt und haben somit auch gründlich gelesen“. Ich weiß, es war eine ganz dumme Ausrede von mir, aber etwas anderes war mir nicht eingefallen. Ich habe das Protokoll nochmal geschrieben.

Im Jahr 1972 arbeitete meine Frau stundenweise noch in der Sparkasse, sie war nach der Nierenentfernung Invalidenrentnerin geworden und wir wohnten schon in der Stobraerstraße. Sie war von ihrer Kollegin zum Polterabend in die Gaststätte „Zur Schmitze“ eingeladen worden. Es war gegen Mitternacht, rief sie an und ich sollte ebenfalls nachkommen. Ich ahnte schon etwas und begab mich zur Gaststätte und wartete auf der Straße auf sie. Dann kam sie und die Braut raus und redeten so lange auf mich ein, bis ich doch mit in die Gaststätte reinging. Ich wollte ja nicht, habe dann alles mitgemacht und fleißig dem Alkohol zugesprochen. Wie ich nach Hause kam, wusste ich am Morgen nicht mehr. Ich lag auch nicht in meinem Bett, sondern auf einer Luftmatratze in der Schlafstube. Ich kam früh nicht hoch, aber ich hätte zum Dienst gemusst. Sobald ich den Kopf anhob, drehte sich alles um mich herum. Ich bat meine Frau in der Dienststelle anzurufen und mich zu entschuldigen, ich würde später kommen, da es mir speiübel war. Unsere Kinder bekamen das alles mit und haben mich danach noch öfter geärgert. Sie sagten zu mir, ich hätte zu ihnen immer gesagt, wer spät ins Bett gehen kann, kann dann auch früh aufstehen. Jaja, das hatte ich an jenem Tag vergessen.

Wir hatten dann schon als Dienst - PKW einen „Trabant“ und waren alle Selbstfahrer. Eines Tages wollte Oltn. Günter Sch. mit dem PKW fahren, die Garage war verschlossen, es war kein Schlüssel, nicht für Garage und nicht für den PKW vorhanden. Doch der Zündschlüssel tauchte dann noch im Sekretariat auf in einem Ablagefach. Alle Mitarbeiter waren anwesend. Es wurde überall nachgeforscht, doch die Schlüssel für die Garage waren nicht aufzufinden. So wurde eine Fahndung nach dem Trabi eingeleitet und darüber musste auch die vorgesetzte Behörde in Erfurt informiert werden. Daraufhin wurde die Fahndung im ganzen Land ausgeweitet. Wir waren alle im Büro der Sekretärin, Ltn. Jürgen L. saß auf deren Schreibtisch, plötzlich griff er zu dem Autoschlüssel unseres Trabi und verschwand. Keine 10 min, da war er mit dem Trabant wieder da und stellte ihn vor der Garage ab. Er musste dann gestehen, er war früh mit unserem PKW zum Hals – Nasen – Ohrenarzt gefahren. Als er diesen verlassen hatte, dachte er nicht mehr an das Auto, lies ihn dort und lief zurück zur Dienststelle. Irgendwann hat er den Zündschlüssel weggelegt und konnte sich lange nicht erinnern. Das alles ging für ihn sehr glimpflich mit einem Tadel ab.

Aber alle, im VPKA und im Bezirk wussten über die Sache Bescheid, denn die Fahndung nach dem PKW musste ja wieder gelöscht werden.

Die Kriminalpolizei war innerhalb des Kreises Apolda zuständig, bei Neuanfall von Verdacht auf Straftaten die vermeintlichen Tat – oder Fundorte zu untersuchen. Dabei wurden Werkzeugspuren, Schlossspuren z. Bsp. im Schlüsselkreis bei Buntbartschlössern, Faserspuren, Fingerabdruckspuren, Fußspuren und Schuhabdruck – und – eindruckspuren gesucht und gefunden. In der Bezirksbehörde saßen die Experten, die diese Spuren zu untersuchen hatten und mit bereits vorhandenen Spuren abgleichen mussten. Bei Sexualstraftaten konnten noch andere Spuren gefunden werden. So kamen später auch noch Geruchsspuren dazu, die gesichert werden mussten. Zur Ermittlung der Urheber solcher Spuren wurden speziell ausgebildete Diensthunde eingesetzt. Mit Drogen hatten wir in unserem Kreis keine Probleme.

Ich kann mich noch an einen Fall nach § 249 StGB erinnern. Wir hatten von dem Arbeitsamt eine Anzeige erhalten gegen (ich nenne irgendeinen Namen) Dieter K. Da er auch Diebstähle begangen haben soll, wurde eine Durchsuchung seiner Wohnung vom Staatsanwalt angeordnet. Wir kamen zu ihm in die Wohnung, das erste was wir sahen, an einer der Wände seines Zimmer war irgendetwas in Zeitungspapier eingewickelt und dort gestapelt worden. Die Kontrolle ergab, es war Kot, den er dort an der Wand für den Winter sammelte zum Verbrennen, denn Kohlen und Holz hatte er nicht. Als Gelegenheit um Wasser zu erhitzen, hatte er einen Topf stehen, wo er einfach zwei abisolierte Drähte drin hängen hatte, deren enden in einer Steckdose waren. Er ging schon lange keiner Arbeit nach, obwohl er eine zugewiesen bekommen hatte. Zum Essen lagen irgendwelche Reste umher, die auch aus einem Müllcontainer sein konnten.

Wir hatten auch einen Täter ermittelt, der Leute betrogen hatte und Diebstähle ausführte. Bei seiner mündlichen Anhörung bestritt er alle ihm zur Last gelegten Straftaten. Durch den Leiter der Kriminalpolizei war gegen ihn ein Ermittlungsverfahren eingeleitet worden und ich musste mit ihm ein Protokoll aufnehmen. Es gab am Anfang nur Probleme. Plötzlich sagte er zu mir, sie schreiben das was ich sage, dann mache ich auch eine Aussage. Das Protokoll wurde fast zehn Seiten lang. Mit großen Ausreden begründete er, warum er die ihm zur Last gelegten Straftaten begangen hatte (Damit gab er auch alles zu).

Wir hatten in einem Strickereibetrieb einen Kaderleiter, der vom Dorf war. Er besaß hier ein Haus, war verwitwet und wohnte mit der Familie seines Sohnes zusammen. Er erstattete gegen seinen einzigen Sohn eine Anzeige und beschuldigte ihn, ihm Unterwäsche, Strümpfe und Haushaltsgegenstände gestohlen zu haben. Aufgrund dieser Anzeige, nahmen wir bei dem Sohn in dessen Wohnung eine Hausdurchsuchung vor. Vorher haben wir uns bei dem Anzeigeerstatter umgesehen, was er denn alles für Sachen hatte und meinte. Wir haben bei dem Sohn nichts gefunden. Bei seiner Anhörung erzählte er uns folgendes: Sein Vater hatte seiner Frau ganz offen sexuelle Angebote gemacht, da sie diese abgelehnt hatte und sie ihrem Mann alles erzählte, habe er den Vater das vorgeworfen. Seitdem würde der Vater ihn auf Schritt und Tritt verfolgen, ihm allesmögliche vorwerfen und es würde in Schikane ausarten. Die Untersuchung wurde gegen den Sohn eingestellt, vorher der Vater dazu befragt. Der Vater enterbte später den einzigen Sohn, heiratete eine Frau und vererbte ihr das Haus.

Die meisten kriminellen Handlungen waren im Bereich der Körperverletzung zu finden. Hier ist mir folgendes passiert: Ein Bürger erstattete bei mir während meines K.-Dauerdienstes an einem Sonntag Anzeige gegen – Unbekannt – wegen Körperverletzung. Da er mir die näheren Umstände der Tat schilderte, habe ich den Täter schnell gefunden. Der Anzeigeerstatter hatte eine blaue Stelle an der Stirn. Die habe er auf dem Pissoir bekommen. Er hatte uriniert, plötzlich sei ein Mann herein gekommen und habe ihn mit dem Kopf gegen die Fließenwand gedrückt. Den Verursacher hatte ich in meinem Dienstzimmer dazu befragt, er gab die Handlung auch sofort zu. Ich teilte ihm mit, dass ich gegen ihn ein Ermittlungsverfahren habe und vernahm ihn zuerst zum Sachverhalt. Er bestritt nichts. Danach musste ich noch die Vernehmung zur Person des Verursachers durchführen. Hier erfuhr ich, dass er in einem großen Kombinat ein Leiter war und somit auch Mitglied der SED. Da ich ohne Berechtigung ihm die Einleitung des Ermittlungsverfahrens mitgeteilt hatte, war es höchste Zeit, den Leiter Kriminalpolizei zu verständigen. Dieser schimpfte mit mir, weil ich gar nicht ermächtigt war zu so einer Entscheidung und stand dann auch nicht hinter meiner Entscheidung. Mir fiel dabei ein, dass der Anzeigeerstatter zu einem Arzt hätte gehen müssen, um sich die Verletzung als erheblich oder nicht erheblich einschätzen zu lassen. Als der Geschädigte vom Arzt mit dem Attest wieder zurück kam, stand auf dem Attest, die Verletzung an der Stirn des Geschädigten wird als geringfügig eingeschätzt. Somit war das eine unerhebliche Beschädigung seiner Gesundheit und rechtfertigte nicht die Einleitung eines Ermittlungsverfahrens. Ich konnte das alles zwischen dem Geschädigten und dem Verdächtigten ins Reine bringen. Es gab zum Glück keine disziplinarischen Folgen für mich (das war noch zu meinen Anfangszeiten bei der K).

Von uns wurde ein Verdächtiger ermittelt, der eine Reihe von Einbruchsdiebstählen begangen haben sollte. Auf Grund solcher gesicherten Spuren, wie Werkzeug – und Fingerspuren, konnten wir ihn eindeutig als den Verursacher feststellen und der Haftrichter erließ gegen ihn Haftbefehl. Wir konnten den Verdächtigen nur einige der Einbrüche nachweisen. Gaben uns aber Mühe, noch genauere Ergebnisse zu erreichen, so hatten wir auch noch genügend gesicherte Spuren von anderen Tatorten. Diese Spuren sandten wir ebenfalls zur Bezirksbehörde und diese sollten sie mit den Spuren des verhafteten Täters vergleichen. Ein paar Tage später kam der Auswertungsbericht, ich war an diesem

Tag nicht anwesend, als dieser Bericht eintraf. Die jungen Kriminalisten Ltn. Thomas N. und Oltn. Jürgen L. waren so voller Tatendrang, sie hatten diesen Bericht nur bis zu einer Stelle gelesen: „Die eingesandten Spuren sind von dem Inhaftierten ……..“. Sie waren so überzeugt von diesem Satz bis dahin, der Inhaftierte hat doch noch andere Einbruchsdiebstähle begangen. Mit einer Tasche voller Unterlagen fuhren sie in die Untersuchungshaftanstalt Weimar, baten um die Vorführung des Inhaftierten (wir nennen ihn Fritz). Zwei ganze Stunden befragten sie diesen und er möchte doch zugeben, er habe den Einbruch durchgeführt und legten ihm zum Beweis diesen Auswertungsbericht vor. Der inhaftierte Fritz las diesen Bericht bis zu Ende durch, beugte sich nach hinten zurück, tippte auf den Bericht und sagte, "Hier steht doch, das ich es nicht war". Und wirklich, da stand nämlich, „sind von dem Verdächtigten nicht hinterlassen worden". Sie haben sich aber bei dem Fritz für ihr Verhalten entschuldigt und kamen danach mit hochroten Köpfen in unserer Dienststelle wieder an und beichteten.

Ein paar Wochen später suchten wir einen asozialen Herumtreiber, der sich durch kleinere Diebstähle versorgte, er ging keiner Arbeit nach. Nach § 249 Strafgesetzbuch stand ein solches Verhalten unter Strafe. Wir erließen eine Fahndung nach ihm und er wurde 2 Wochen danach in Jena von der Schutzpolizei vorläufig festgenommen. Da gehörte Jena zum Bezirk Gera und nicht zu Erfurt. Sie informierten die Dienststelle in Apolda und durch den Leiter Kriminalpolizei wurde ein Polizist beauftragt, diesen Mann in Jena mit dem Trabant abzuholen. Was geschah dann. In Jena wurde ihm der Festgenommene übergeben. Dabei merkte der Polizist, der Mann roch nicht nur, er stank wortwörtlich und war total verwahrlost. Weil er den Gestank nicht im Auto haben wollte, hieß er ihn in den Kofferraum einzusteigen, was der Mann auch ohne zu zögern tat. Mit dem Festgenommenen im Kofferraum fuhr er zurück nach Apolda direkt in den Hof des VPKA. Es war gerade Mittagszeit und viele der Polizisten waren am Fenster. Wie gesagt, mitten auf dem Hof öffnete der Polizist den Kofferraum und ließ den Mann aussteigen. Er durfte ihn dann auch vernehmen und tat dies in einer Garage. Am nächsten Tag wurde der Polizist vom Leiter des VPKA bestraft. Man durfte im Kofferraum keine Menschen, egal was sie getan hatten, befördern.

Unser Kollektiv, heute sagt man ja Team dazu, hat auch manche Gelegenheit genutzt, um unser Zusammengehörigkeit zu festigen. So haben wir zum Tag der Volkspolizei am 01.Juli eines Jahres und zum Jahresende öfter auch mal Feiern können. An eine solche Feier zum Jahreswechsel kann ich mich gut erinnern. Wir hatten vom Laborchemie Apolda 2 Flaschen Ethanol gekauft. Dazu mehrere Flaschen Apfelsaft und haben gemixt und Apfellikör daraus gefertigt. Natürlich hatten wir auch Bier und alkoholfreie Getränke. Mitarbeiter hatten auch härtere Sachen mitgebracht. Wir hatten so schön miteinander erzählt und dazu getrunken, das dabei 2 meiner Mitarbeiter den Zug verpasst haben. Da ich an diesem Tag Dienst hatte, habe ich nichts getrunken und bot mich an sie nach Hause mit meinem Privat – PKW zu fahren. Was sie dankend annahmen. Sie wohnten in Bad – Sulza und Großheringen. Auf der Rückfahrt überholte mich bei Nauendorf ein Wartburg 353 und fuhr so vor mir, dass er mich zum Anhalten gezwungen hatte. Er stieg aus und ich sah, er war ein Polizeimeister. Die Uhr zeigte schon etwas auf 04.00 Uhr zu. Er kam zu mir an den PKW und bat mich auszusteigen, was ich auch tat. Er fragte mich sofort, ob ich Alkohol getrunken habe, was ich verneinen konnte. Er traute mir nicht so recht, ich zeigte ihm dann meinen Dienstausweis. Jetzt erklärte er mir den Grund des Anhaltens. Er war als Polizist im Weimar Werk in der Wache tätig. Wenn er Tagschicht hat, ist ihm noch niemand so zeitig vor ihm hergefahren. Deshalb habe er vermutet, dass dies jemand ist, der etwas getrunken haben könnte. Er entschuldigte sich bei mir und wir Beide setzten unsere Fahrt fort, ich nach Hause.

Im Frühjahr 1985 bat mich mein Chef, Wolfgang Engelhardt, wir waren schon lange beim – DU –, zu sich. Hier unterbreitete er mir, er wolle mich zu seinem Nachfolger vorschlagen, da er schon länger sich nicht wohl fühle und diese Funktion nicht mehr richtig ausfüllen kann. Das hatte ich zwar nicht bemerkt, aber ich respektierte sein Anliegen. Ich sagte auch zu und er teilte mit, er habe bisher nur mit dem Leiter VPKA darüber gesprochen, da er aus der VP nicht ausscheiden wollte, er möchte gern die Kaderabteilung übernehmen, die zur Zeit nicht besetzt war. Nachdem er den Bezirk informiert hatte, kam bald darauf der Bezirksleiter der Kriminalpolizei nach Apolda und sprach mit mir. Es fing wieder genauso an, wie früher, wenn ich eine höhere Planstelle bekommen sollte. Er warf mir vor, das doch mein Vater bei der faschistischen Polizei gewesen sei und in der NSDAP, da müsse er genau prüfen, ob er zustimmt. Noch am gleichen Tag wurde ich zum Leiter der – K – bestellt und zum Hauptmann befördert. Mitte Juli desgleichen Jahres gab er auch seine Zustimmung, das ich ab September ein Fernstudium an der Humboldt – Universität zu Berlin in der Sektion – Kriminalistik – aufnehmen könnte. Das geschah auch. Im Juni 1989 habe ich das Studium mit der Note 1 und mit dem Titel – Diplomkriminalist – abgeschlossen. Mein Nachfolger als Kommissariats- leiter III wurde Oberleutnant Frank S.

Als Leiter Kriminalpolizei musste ich jeden Montag um 08.00 Uhr an der Beratung aller Abteilungsleiter im Beratungsraum des Stabes teilnehmen. Diese wurde von unserem Leiter VPKA - Major der VP Kurt R. - geleitet. An die erste Sitzung dort kann ich mich gut erinnern und werde sie auch nie vergessen. Auf der Tagesordnung stand die Vorbereitung der Hasenjagd, die in Thüringen Bereich Apolda auf Einladung der Regierung der DDR für alle ausländischen diplomatischen Vertreter erfolgen sollte. Es wurde darüber beraten, wie man möglichen Störungen vor beugen könnte. Der Leiter Schutzpolizei Hauptmann d. VP Werner W. sollte dazu Vorschläge unterbreiten. Unter anderen berief er sich auf die Strafprozessordnung, darin gibt es einen Paragraphen, der besagt, wenn ein Täter bei Gericht zu einer Freiheitsstrafe verurteilt wird, kann das Gericht zusätzlich ihn zu staatlichen Kontrollen verurteilen, um mögliche neue Straftaten zu verhindern. Er legte sie so aus, dass das Anliegen dieser Vorschrift nicht angewendet werden konnte. Dazu widersprach ich ihm und wir kamen in eine Art Streitgespräch. Plötzlich gab mit der Leiter VPKA den Befehl sofort den Raum zu verlassen und ich sollte auf dem Korridor auf ihn warten. Ich habe bestimmt eine halbe Stunde auf dem Korridor gestanden. Als er raustrat, forderte er mich auf mit in sein Dienstzimmer zu kommen. Ich wollte gerade ansetzen zu protestieren, da winkte er ab und sagte grob zu mir: „Genosse Rodner, ich rufe jetzt sofort ihren K-Leiter in Erfurt an und sage ihm, dass sie meine Leitungssitzung geschmissen haben. Was glauben sie, wem der glaubt, wenn sie nach mir dort anrufen". Ich merkte, dass er mich einschüchtern und erpressen wollte. Ich ging darauf ein und entschuldigte mich für mein angebliches Fehlverhalten. Damit war die Sache formell für ihn gelaufen.

Mit meinem Einsatz als Leiter Kriminalpolizei wurde ich auch Verantwortlicher für die Zusammenarbeit mit der Kampfgruppenhundertschaft des TOK (Thüringer Obertrikotagen Kombinat). Das bedeutete für mich, dass ich zusätzlich zu meinen Aufgaben auch zu jeder Kampfgruppenübung musste und zu ihren Beratungen.

Im Rahmen der „Urania"(Gesellschaft zur Verbreitung wissenschaftlicher Erkenntnisse) wurde ich dazu verpflichtet Vorträge in Betrieben zu halten, so lernte ich auch den Leiter der Meliorationsgenossenschaft von Apolda den Herrn Fredo Koch kennen. In diesem Betrieb hatte ich auch einige Male schon vorher zu tun. Wir haben uns gegenseitig sehr respektiert und verstanden uns sehr gut. Er wohnt in Wickerstedt.

Durch die Arbeit meiner Mitarbeiter wurde mein Verhältnis zum Leiter VPKA besser. Wir erreichten gute und sehr gute Aufklärungsergebnisse und kamen im Monatsdurchschnitt laut Statistik auf eine Quote zwischen 95 bis 105%. Durch unsere Arbeit, an der auch die anderen Angehörigen im VPKA einen Anteil hatten, wurde unser Leiter vorzeitig zum Oberstleutnant befördert. Im Jahr 1987 erhielt er die Verdienstmedaille des MDI in Gold und wir als Kollektiv die gleiche in Silber.

Ich war dahinter gekommen, wie ich bei ihm einiges erreichen konnte, natürlich vor allem für mein Kollektiv. Wenn er mich zu einer Besprechung unter vier Augen zu sich rief, ging es oft nur um Nebensachen. Hierbei habe ich wie nebenbei Wünsche, Änderungen oder Neuerungen fallen lassen, ohne weiter darauf einzugehen. Er hatte aber gut zugehört wie es sich dann zeigte. Einige Zeit später verkaufte er diese Gedanken als seine und sollten durchgesetzt werden. Das war mein Anliegen, mehr wollte ich gar nicht. Unser Verhältnis wurde so gut, dass er mir das - Du – anbot, ich nahm es an.

Bereits Ende der 70ziger Jahre übernahm die Polizei das Gebäude an der Dornburgerstraße und nach Fertigung, wurde die Abteilung Pass – und Meldewesen dort untergebracht. Dann wurde das Haus eines Autobatteriegeschäftes aufgekauft oder übernommen. Das war in der Dornsgasse. Es wurde ebenfalls umgebaut und hier wurde unten die Wache der Schutzpolizei untergebracht und oben im 1. Stock und unter dem Dach die Kriminalpolizei. Als Verbindung der beiden erneuerten Gebäude wurde die Einfahrt eingebaut, es war ein Schiebetor, welches elektrisch zu öffnen und zu schließen ging. An dem Gebäude in der Dornsgasse war die Pforte, der Zugang für Besucher, dort saß der wachtuende Schutzpolizist. Hier muss ich noch eine kleine Episode unterbringen. Der Polizeimeister Siegfried M. war in der Wache. Es kam ein Bürger der eine Anzeige aufgeben wollte. Der Schutzmann wusste zu dieser Zeit nicht, wer bei der Kriminalpolizei den K . -Dauerdienst hatte und rief in den Aufenthaltsraum der Schutzpolizei: „Wer hat denn heute K. – Dienst?“ Die Antwort war der Heinz G., der diensttuende Schutzmann sagte: “Ach die Bockwurst.“ Er wies den Bürger den Weg. Der klopfte an das Zimmer von Heinz G. und sagte schön artig: „Guten Tag Herr Bockwurst!“ Das war aber ein Spitzname oder „Uzname“ und er konnte den nicht leiden. Er flippte aus und warf den Bürger aus seinem Büro. Er hat sich aber kurz danach sofort entschuldigt und ihm die Sache erklärt.

Im Strafgesetzbuch der DDR gab es den Paragraphen 213 StGB. Der stellte das illegale Verlassen der DDR sowie den Versuch dazu unter Strafe. Von der Strafandrohung war es ein Verbrechen. Die Anzeigenaufnahme solcher Delikte oblag den zuständigen VPKÄs. Wir als Kriminalpolizei waren somit verpflichtet, wenn uns jemand mitteilte, dass jemand die DDR illegal verlassen wollte, eine Anzeige nach diesem Paragraphen aufzunehmen. Wir mussten das soweit prüfen, ob sich der Sachverhalt bestätigte und dazu die Person befragen. Wir mussten dann auch über den Staatsanwalt Haftbefehl beantragen. Wenn dem statt gegeben wurde, kam die Person in die Untersuchungshaftanstalt und für uns war die Bearbeitung zu Ende. Die weitere Untersuchung übernahm eine Sonderkommission des Bezirkes. Nach 1987 stieg die Anzahl derjenigen, die einen Antrag auf Entlassung aus der Staatsbürgerschaft stellten, aber auch derjenigen, die die Republik verlassen wollten und haben. Viele hatten einen Urlaub in Ungarn geplant, fuhren dahin und kamen nicht wieder. Sie suchten in der damaligen Botschaft der BRD Asyl. Uns wurden immer mehr solcher Aufgaben zugemutet, die es mit solchen Reisen zu tun hatten und nicht wiederkamen. Es fiel alles unter den § 213 STGB - illegales Verlassen der DDR -.

Im August 1989 wurde mir als Leiter der Kriminalpolizei mitgeteilt, dass ein Ehepaar aus Apolda geäußert hatte, sie wollen abhauen. Das hieße für uns, sie wollen die Republik ohne Genehmigung verlassen. Habe daraufhin 2 Mitarbeiter beauftragt diese Information zu überprüfen und das Ehepaar dazu zu befragen. Nach kurzer Zeit kam ein Kollege und legte mir das Protokoll der Befragung der Ehefrau vor, worin sie zugab, dass sie und ihr Ehemann die DDR verlassen wollten. Der Staatsanwalt beantragte Haftbefehl gegen Beide, den der Richter auch erließ. Beide kamen in die Untersuchungshaftanstalt nach Weimar und der Fall wurde nach Erfurt abgegeben. Im Jahr 1990 wurde meine Dienststelle aufgelöst, da gehörte ich nicht mehr zur Kriminalpolizei. Einige meiner ehemaligen Mitarbeiter kamen zur Kripo nach Erfurt (Landeskriminalpolizeiamt), andere wurden nach Jena zur Kriminalpolizei versetzt und welche nach Weimar. Im Spätherbst 1990 erhielt ich eine Vorladung als Zeuge. Ich sollte in einer Sache aussagen, angeblich sei ein Ehepaar gezwungen worden zu gestehen, dass sie die Republik verlassen wollten. Ich war zu einer Sondereinheit der – K – vorgeladen worden, die begangene Straftaten zu DDR – Zeiten untersuchen sollten. Ich tat dort meine Aussage, so gut ich dies erklären konnte, was man von mir wissen wollte. Im Ergebnis der Prüfung in dieser Sache wurde weder gegen mich noch gegen meine ehemaligen Mitarbeiter eine Untersuchung eingeleitet.

Noch während meiner Dienstzeit bei der Kriminalpolizei kam es ab Oktober 1989 zu Demonstrationen der Apoldaer Bevölkerung. Es waren für uns wirklich friedliche Demonstrationen, diese Aufzüge kamen auch bis an das Eingangstor des VPKA, welches immer verschlossen war. An einem solchen ereignisreichen Tag rief ich meinen Amtsleiter an und bat ihn, ich möchte nach draußen gehen und mit den Demonstranten sprechen. Das Verbot er mir drastisch und erklärte mir danach, es sei aus Sicherheitsgründen für mich. Ich hatte weder Bedenken noch Angst. Zu dieser Zeit waren wir innerlich so weit, das man vieles nicht mittragen wollte. Dazu war ich aber zu feige, ich war mit Herz und Seele Polizist und habe deswegen auch viel weggesteckt und geschwiegen. Trotzdem war ich immer der Meinung, dass nur die kleineren Führer die Politik so auslegten, wie sie sie eben für sich brauchten.

Es muss Ende Oktober 1989 gewesen sein. Ich hatte einen bis dahin guten Freund Norbert K, der in einer kleineren Funktion in der SED – Kreisleitung arbeitete. Er kam auch öfter mal zu mir und sprach immer davon, das wir Beide die Funktionen in der Kreisleitung übernehmen sollten, die Bürger möchten doch, das es anders werden sollte. In einem solch ähnlich abgelaufenen Gespräch äußerte ich den Wunsch, mit ihm gemeinsam eine solche Aufgabe zu übernehmen. Ende Dezember hatte ich Besuch, es waren 2 Mitglieder des ZK (Zentralkomitee) der SED, die mit Einverständnis des VPKA – Leiters mit mir sprechen wollten. Sie überzeugten mich, dass in einer solch angespannten Situation es besser wäre, wenn die Funktion des 1. Kreissekretärs eine andere Person diese Aufgabe übernehmen würde. Jedenfalls zum Schluss sagte ich zu, da ich befürchten musste, aus der Polizei entlassen zu werden, da ich ja eine Tätigkeit ausübte, wo ich die Gesetze der DDR mit durchsetzen musste und mit anderen staatlichen Organen auch zusammen arbeitete. Schon Anfang Dezember wurde ich aus der Polizei entlassen als Hauptmann der Kriminalpolizei a. D., mit dem Versprechen, ich könnte wieder zurück kommen.

Selbstständigkeit und Ehrenämter:

So war ich in der SED Kreisleitung und Mitte Dezember 1989 als Sekretär gewählt worden. Ich erkannte sehr bald, dass diese Entscheidung nicht gut war, zumal mich mein Freund verlassen hatte und in Jena eine Gaststätte übernahm. Ich nahm ihm das sehr übel, was er da mit mir getan hatte. Schon im März trug ich mich mit dem Gedanken diese Aufgabe aufzugeben. Eine Nachfrage bei der Polizei wegen Wiedereinstellung war vergebens. In Erfurt hatten die Leute, die mir das versprochen hatten, nichts mehr zu sagen. Ich überlegte, als was ich möglicherweise arbeiten könnte. Von Sicherheit hatte ich ja genügend Ahnung. Mir fiel nur eines ein. Ich könnte eine Wachfirma gründen und habe im April 1990 den Antrag auf Gründung der Firma gestellt beim damaligen Rat des Kreises. Dem Antrag wurde statt gegeben. Daraufhin legte ich meine Funktion bei der SED/PDS nieder und beendete damit mein Arbeitsverhältnis zum Ende Mai. Ich bereitete alles für diese Firmengründung vor, so suchte ich ein Büro. In der 3. Etage des Stadthauses bekam ich dies, kaufte mir einen gebrauchten B 1000 und stellte ab 01. Juli1990 mit dem Tag der Währungsunion 3 Mitarbeiter ein. Ich eröffnete offiziell die Firma und nannte diese -Wachschutz und Geldtransporte-. Zugleich war ich zum 30.Juni 1990 aus der PDS ausgetreten. Die Stadt übernahm noch im gleichen Jahr das Stadthaus und kündigte mir das Büro. Das Stadthaus war vor der Gründung der DDR schon Eigentum der Stadt Apolda. Ich bemühte mich somit ab August einen anderen Firmensitz zu finden. Leider hatte ich kein Glück hierbei. Im November erhielt ich ein Angebot von Frau Langenhagen. Sie hatte in ihrem Haus ein Nebengebäude, indem im Erdgeschoss ca. 60 qm Geschäftsräume waren, in sehr schlechten Zustand und sie bot mir noch einen Büroraum an im Haupthaus ca. 8 qm. Ich nahm das Angebot sofort an und war froh eine Bleibe für uns gefunden zu haben. In den Räumen war keine Heizmöglichkeit vorhanden, aber ein Schornstein war da. Ich kaufte 2 Oelöfen. Habe einen 500 Liter Tank gekauft und das Oel, um heizen zu können. Provisorisch richteten wir uns ein. Wir stellten vor allem älteres Mobilar ein, welches wir noch aus dem Stadthaus übernahmen und zu Hause erübrigen konnten. Neben der täglichen Arbeit, wurden die Räumlichkeiten instandgesetzt, da wir auch eine Notrufzentrale aufbauen wollten, mussten dazu die Voraussetzungen geschaffen werden. Zu dieser Zeit zog der junge Mann aus dem oberen Geschoss des Nebengebäudes aus. Hier sah es genauso schlimm aus. In beiden Bereichen waren die gleichen Räumlichkeiten. 2 Zimmer, etwa 16 qm, 1 Abstellraum ca. 8 qm, 1 Küchenraum 6 qm und ein Abort etwa 4 qm. Ein Bad oder Dusche war in beidem Räumlichkeiten nicht vorhanden.

Die Alarmmeldezentrale wollten wir im oberen Geschoss einrichten. Es wurden einbruchssichere Türen und Fenster eingebaut. An die Wände und Decken kamen brandhemmende Tapeten. Ich mietete eine Meldezentrale und wir mussten auch Kunden werben, die bereit waren, sich Alarmmeldeanlagen einbauen und bei uns aufschalten zu lassen. Zu der Zeit wurde die Kaufhalle Nord von EDEKA übernommen und einer der Chefs war gerade hier anwesend, als ich dort wegen der Aufschaltung einer Alarmmeldeanlage zu uns nachfragte. Er verneinte das, er brauche keine und er könne sich bestimmt auf die Leute hier im Neubaugebiet verlassen, die würden schon Obacht geben. Bei der Gelegenheit fragte er mich, welcher Arbeit ich zu DDR – Zeiten nach gegangen war. Ohne Umschweife sagte ich ihm das wie es war und das ich also Polizist und in der SED gewesen sei. Er sagte daraufhin zu mir: „Wäre ich in der DDR gewesen, so wäre ich bei der Stasi und in der SED, da hätte ich es am besten gehabt". Dazu erzählte er mir, wie es ihm ergangen ist bei Edeka, hier war er ein kleiner Angestellter und saß mit noch einem Kollegen zusammen in einem Büro. Eines Morgens lag auf seinem Schreibtisch ein Aufnahmeantrag für die CSU (Christlich-Soziale – Union). Er habe ihn ausgefüllt und weitergegeben. Zuvor habe der Kollege zu ihm gesagt: „Wenn du ihn nicht ausfüllst, dann fülle ich ihn aus". Einige Tag später wurde er 2 Etagen höher befördert und hatte sein eigenes Büro.

Wir nahmen uns viel Zeit, da wir das Geld erst verdienen mussten für die notwendige Anschaffungen und Instandsetzungen. Bei mir meldete sich ein ehemaliger Mitarbeiter der bewaffneten Organe, er war Jurist vom Beruf und bot sich als Gesellschafter in der Firma an und brachte auch seinen Anteil von 10.000,00 DM auf. Das half uns ein ganzes Stück vorwärts. Es war die Zeit, da wir mit dem Bewachungsunternehmer aus Walldorf – Mörfelden Kontakt aufgenommen hatten und der mir viele Hinweise für meine Tätigkeit gab. Plötzlich rückte er damit raus, das wir seine Zweigstelle werden sollten. Das wollte ich nicht. Die gegründete Wachfirma sollte ein Ostdeutsches selbstständiges Unternehmen bleiben. Da wir nicht genügend Aufträge hatten, bot er mir einen Subunternehmervertrag an. Darüber wurde schon in meinem 1. Buch geschrieben. Ich ging darauf ein. Dann warb er mir den Gesellschafter ab und hat in Erfurt eine Zweigstelle seiner Firma eröffnet, die dieser ehemalige Mitarbeiter übernehmen sollte. Plötzlich behauptete er, das wir gegen die Bestimmungen seines Subunternehmervertrages verstoßen hätten und forderte von uns eine sehr hohe Vertragsstrafe, die ich nicht bereit war zu zahlen, da seine Behauptungen nicht der Wahrheit entsprachen. Er behielt sogar mehr als 30.000,00 DM ein, die wir als Firma erarbeitet hatten. Dagegen klagten wir und bekamen in drei Instanzen vor Gericht Recht. Er legte Widerspruch ein und es kam zur großen Hauptverhandlung vor dem Oberlandesgericht in Darmstadt. Hier wurde zu unseren Gunsten Recht gesprochen und er musste alles bezahlen. Das dauerte von 1991 bis 1994.

Seit 1992 hatte sich bei uns der Lehrer Michael Z. als Gesellschafter eingekauft. Für mich hatte er seltsame Ansichten über die Eigentumsverhältnisse. Seine Mutter erzählte einmal während einer Busreise, an der meine Schwiegermutter teilnahm, ihr Sohn sei der Chef der Wach – und Sicherheitsdienste.

Als mein Sohn Carsten in die Firma einstieg, kaufte er dem Michael Z. diese Anteile ab. Herr Z. blieb in der Firma als Leiter der Alarmmeldezentrale. Er hatte auch dazu gute Voraussetzungen, vor allem gute Computerkenntnisse.

1991 haben wir einen VW – Lieferwagen gekauft, den wir von einer Berliner Firma zum Geldtransporter nach den geltenden Vorschriften umbauen ließen. Der Umbau kostete uns 110.000,00 DM. Wir konnten nach einer Anzahlung die Restsumme in Teilbeträgen abzahlen.

Ab 1991 wurde ich dann Prüfer in der IHK Erfurt und in der IHK zu Ostthüringen Gera. Beides war ehrenamtliche Tätigkeit.

4. Hurra - Wir wurden Großeltern:

In diesem Jahr 1991 wurde am 01. Februar unsere Enkelin Christin im Krankenhaus in Pirna geboren. Das war eine wirklich große Freude für uns. Unsere Schwiegertochter Cornelia, sie wollte nur Conny gerufen werden, wohnte in Dresden mit unserem Sohn Fred, war zur Entbindung nach Hause zu ihren Eltern gegangen, das Verhältnis zwischen ihnen war da noch gut. Fred war zuvor in der NVA Offizier und hatte die Offiziersschule als Diplomgesellschaftswissenschaftler verlassen und war nach Dresden versetzt worden. Conny seine Frau war Sekretärin bei den bewaffneten Organen. Beide waren 1990 entlassen worden und hatten auch teilweise Entschädigungen erhalten. Er arbeitete nach der Wende in einer Dresdner Reinigungsfirm als Fensterputzer und übernahm dann diesen Bereich. Cornelia hat bei einem Staatsanwalt als Sekretärin gearbeitet. Die Enkelin blieb dann bei den Großeltern in Pirna, da Beide Eltern eine Arbeit hatten. Das dauerte aber nicht lange, da Fred und Conny dahinter kamen, ihre Tochter wurde nicht korrekt behandelt von ihnen. Unsere Tini, so nannten wir sie, kam dann zu uns nach Apolda. (Bei mir hieß sie "Hexe", weil sie mich verzaubert hatte") Meine Frau war fast aus dem Häuschen vor lauter Freude, das sie ihre Enkelin für längere Zeit bei sich haben konnte. Wir kauften ein Kinderbettchen und stellten es in unserer Schlafstube im Neubaugebiet auf. Unsere Tini war eine ganz muntere, sie wollte nie einschlafen und tobte in ihrem Bettchen umher, bis sie plötzlich umfiel und schlief. Ihre Lieblingsbeschäftigung war das Licht einschalten, denn ihr Bett stand neben dem Lichtschalter. Sie war beizeiten dahinter gekommen, wie das mit dem Taster erfolgte. Egal welches Spielzeug, entsprechend ihres Alters, das wir ihr mit ins Bett gaben, sie tobte immer, weinte, lachte, rief und knipste das Licht an und aus. Nahmen wir sie dann aus dem Bett, wollte sie auch nicht mehr hinein. Sie wusste genau was sie wollte. Ich gebe zu, wir haben sie auch ganz schön verwöhnt.

5. Freunde sind nicht immer Freunde:

Wir hatten uns ja schon einmal die Finger verbrannt mit der Unternehmerfamilie Mörfelden / Walldorf. Im Jahr 1992 , wir hatten den Thüringer Landesverband der Wach – und Sicherheitsunternehmen gegründet und waren etwa 12 Mitglieder. Unser Vorsitzender war Wolfgang Fricke aus Hermsdorf. Wir haben jedes viertel Jahr eine Beratung durchgeführt. Hier schlug W. Fricke und Gerd Bussian vor, das es gut wäre, wenn die Geldtransportunternehmen sich zu einer größeren Firma, der TST (Thüringer Sicherheitstransporte) zusammen schließen würden.

Sechs ostdeutsche Unternehmen schlossen sich zusammen. Als Geschäftsführer wurde Gerd Bussian gewählt. Wir anderen waren alle Gesellschafter. Ich hatte meinen Geldtransporter, einen PKW Daihatsu und 10.000,00 DM eingebracht. Schon nach noch nicht einmal 3 Jahren hatte er die Gesellschaft abgewirtschaftet und musste Insolvenz anmelden, die dann auch durchging. Ich hatte gut und gern ca. 120.000,00 DM verloren. Denn den Geldtransporter habe ich bis zum letzten Pfennig abgezahlt. Wie hatte er diese gutgehende Firma in den Bankrott treiben können? Er hatte privat einen Personenschutzunternehmen und für die Leute auch keine Aufträge zu Beginn der Gründung. Also stellte er sie in unsere Geld – und Wertetransportfirma ein und schickte diese auf Kosten der Firma nach München zur Ausbildung als Personenschützer. Erfahren hatten wir das erst vom Notar, der uns mitteilte, das unsere Geld – und Wertetransportfirma pleite ist. Wir mussten noch froh sein, dass wir nicht noch mit unseren Firmen für die angeblichen Schulden aufkommen mussten.

Genau an dieser Stelle fühle ich mich veranlasst meine Wahrheiten mitzuteilen. Man kann in etwa sagen, dass es in jedem Land ca. 10 % Gauner, Halunken, Tagediebe, Betrüger und Straftäter gibt, es könnten Vieleicht noch ein paar Mehr sein. Das heißt in Ostdeutschland gibt es solche und auch in den alten Bundesländern. Zur Wendezeit sind diese Personen aus der BRD (alt) in erster Linie zu uns gekommen. Auch Leute die drüben nichts geworden wären, kamen mit und haben hier Planstellen und das nötige Geld dazu bekommen. Viele Ostdeutsche haben von solchen Personen gelernt und die Gutgläubigkeit ihrer Mitmenschen ausgenutzt. Ich habe da auch meine Erfahrungen sammeln müssen. Doch muss ich auch erklären, ich habe auch Personen aus den alten Bundesländern kennen gelernt, die es mit uns ehrlich meinten. Das waren aber nicht die oben erwähnten.

6. Ehrenamtliche Tätigkeit bei den IHK's:

Ab 1991 begann man an den Thüringer Industrie – und Handelskammern Prüfungen der Werkschutzfachkräfte abzunehmen, die noch in den alten Bundesländern ausgebildet wurden. Von unserem Thüringer Landesverband wurde ich als Mitglied der Prüfungskommission vorgeschlagen, die als ehrenamtliche Arbeit galt. Ich hatte schon Mal darauf hingewiesen. Ich wurde in Erfurt an der IHK als Prüfer eingesetzt. Zu Beginn waren wir 6 Prüfer, davon waren drei Prüfer aus den alten Bundesländern. Fast zur gleichen Zeit wurde ich auch an der IHK zu Ostthüringen in Gera in die Prüfungskommission gewählt. Im Jahr 1995 wurde die Bewachungsverordnung erlassen, die besagte, dass das Wach – und Sicherheitspersonal einen Grundlehrgang von 5 Tagen zu absolvieren hatte, ansonsten durften sie nicht eingestellt werden. Bis zum Ende des Jahres 1995 konnte die Einstellung des Personals (nämlich Jeder) nur mit guten Führungszeugnis eingestellt werden. Wer also bis zum 31.12.1995 mehr als 3 Jahre im Bewachungsgewerbe beschäftigt war oder einen abgeschlossenen Beruf hatte, brauchte diesen Lehrgang nicht besuchen. In dieser Verordnung wurde auch festgelegt, dass man nach einem Lehrgangsbesuch von ca. 14 Tagen auch die Sachkundeprüfung ablegen konnte. Dazu hieß es auch, dass man mit bestandener Sachkundeprüfung auch in die Selbstständigkeit gehen konnte. Wer sich stark genug fühlte, konnte die Sachkundeprüfung auch ohne Vorbereitungslehrgang ablegen. Ich habe dann als Dozent an beiden IHK Unterricht gegeben und mich für die Prüfungskommissionen beworben und wurde angenommen. Für die Wochenlehrgänge wurden an dem letzten Unterrichtstag sogenannte Kenntnisüberprüfungen in

Form eines schriftlichen Tests durchgeführt. Die meisten dieser Fragen mit den dazugehörigen Antworten hatte ich ausgearbeitet, vor allen für die schriftlichen Prüfungen zur Sachkunde.

Was die bisherige „Werkschutzfachkraft“ war, wurde umbenannt in die Berufsbezeichnung „Fachkraft für Schutz – und Sicherheit“. In dieser Prüfungskommission war ich ja bereits und habe dies weiter ausgeführt. Später kamen noch weitere qualifizierte Berufe hinzu, „Meister für Schutz – und Sicherheit“ und Ingenieur für Schutz – und Sicherheit“. Im Laufe der Jahre wurden verschiedene Hilfsmittel in Form von Büchern heraus gegeben, wo sich angehendes Bewachungspersonal auf die anstehenden Prüfungen vorbereiten konnten.

Noch in den Anfangsjahren gegen 1994 wurde ich mit als Mitglied für die Vollversammlung der Industrie – und Handelskammer Erfurt gewählt. Doch war ich nur der 2. Mann in der Reihe. Ich war nur Nachfolgekandidat und rückte auch 1 Jahr später nach. So war ich 2 Jahre Mitglied der Vollversammlung der IHK in Erfurt. Vorgeschlagen hatte mich für diese Aufgabe unser Thüringer Landesverband der Wach – und Sicherheitsunternehmer. Etwa ab 1996 wurde ich von der Industrie – und Handelskammer zu Ostthüringen in Gera zur Deutschen Industrie – und Handelskammer nach Düsseldorf delegiert in die Kommissionen zur Erarbeitung der schriftlichen Prüfungsarbeiten für die „Fachkraft für Schutz – und Sicherheit“ und für die Sachkundeprüfung. Hier war ich in den Gruppen, die Fragen im Strafrecht, bürgerliches Recht und im Staatsrecht ausarbeitete. Leider waren hier viele in den sogenannten Ausschüssen, die als Leiter von Privatschulen für die Ausbildung von Wachpersonal tätig waren. Es waren ebenfalls sehr viele aus den alten Bundesländern, aber auch einige aus dem Osten. Sie drängelten mich dann aus diesen Ausschüssen raus, ihr Verhältnis zu der Leiterin des ganzen Bereiches bei der DIHK war eben besser als das Meinige.

In Gera hatten wir von Beginn der Prüfertätigkeit ein Prüfungsmitglied aus München dabei. Er war Pensionär und angeblich Polizeidirektor a. D. Er bekam mit, das ich die Humboldt Universität absolviert hatte und Diplomkriminalist bin. Er fragte bei mir an, ob ich ihm das Lehrbuch der Kriminalistik von der Hochschule mal ausleihen würde. Was ich auch tat. Ich habe ihm dieses Buch dann geschenkt, weil er daran so interessiert war. Nach etwa gut 1 Jahr kam ein Lehrbuch für das Bewachungspersonal heraus. Als ich es las, kam mir alles so vertraut darin vor. Der Inhalt war aus meinem Lehrbuch der Kriminalistik. Sein Name war auch als Mitautor aufgeführt.

7. Plötzlich waren wir Vertriebene:

Vergessen hätte ich es beinahe. In der DDR gab es keine Vertriebenen, wir waren Umsiedler. Nach 1991 durften wir ganz offiziell als Vertriebene gelten und wir bekamen alle im Osten vom Staat 4000,00 DM als eine Art Entschädigung für die Vertreibung. Es gab böse Zungen die behaupteten, dass die Vertriebenen im Westen mehr bekommen hatten. Außer diesem Geschenk habe ich eigentlich nirgendwo etwas gemerkt, dass ich ein Vertriebener bin. Ich wurde nirgendwo bevorzugt, aber auch nicht gehänselt oder beschimpft. Von diesem Geld wollte ich meiner Frau etwas Gutes tun und ließ bei Pelzhammer in Apolda einen Nerzmantel anfertigen. Das Geld ging dabei drauf. Als ich meiner Frau den Mantel gab, zog sie ihn kurz an und nie wieder. Die Machart gefiel ihr nicht. Er hängt noch genauso im Schrank im Keller, wie sie ihn hinein getan hatte. Ich hatte mich über den unverhofften Geldsegen gefreut. Damals hätte sie ihn auch noch tragen können, ohne das ihr jemand nachlief und sie beschimpfte. Das kam daher, weil Tierschützer auf den Plan kamen. Sie sagten, dass deswegen Tiere sterben mussten.

8. Nun stolze Hausbesitzer:

Im November 1997 verkaufte uns die bisherige Hauseigentümerin Frau Hilde Langenhagen das Wohn – und Geschäftshaus in Apolda, Utenbacher Straße 64 mit allem Gebäuden und Grundbesitz, auch das Grundstück Nr. 62, das ein einziger Kohlehaufen war für gesamt 90.000,00 DM. Durch Vermittlung eines Herrn Müller, erhielt ich ein Kredit über 350.000,00 DM von der Dresdner Bank in Weimar. Dadurch wurde die Bank mit Vorrechten in das Grundbuch eingetragen. So wurde das gesamte Haus nebst Nebengebäude und Grundstücke von Grund auf renoviert. Das Dach wurde neu gedeckt und isoliert. Die ehemaligen Dachkammern wurden zu einer Wohnung ausgebaut und die Fassade neu verputzt. Das wurde alles vom Dachdecker Haase aus Apolda übernommen (die Dachwohnung nicht). Vieles wurde in Eigenleistung geschaffen, was den Innenausbau betrifft. Meine Schwager Kühr, Hahn, Roland Sch. und der Bruder von H.-J. Kühr, halfen uns wo sie nur konnten. Meine Familie konnte im Mai 1968 in das Erdgeschoss einziehen. Ich stellte noch 3 Männer auf Aushilfsbasis ein, die beim Ausbau des Hauses halfen. Mitten in diese Arbeiten kam über den Zaun von der Gärtnerei und auch durch die normalen Eingänge Männer in Zivil, die sich als Mitarbeiter des Zolls Erfurt ausgaben und bei mir Kontrolle auf Schwarzarbeit durchführten. Leider war alles in Ordnung und sie zogen wieder unverrichteter Dinge ab. Es stellte sich heraus, mich hatte jemand, der neidisch war, beim Zoll angezeigt.

Nach und nach bauten wir die Wohnung im 1. Stock, im 2. Stock und unter dem Dach aus. Überall wurden sämtliche Räume erneuert, ein Bad mit WC und eine Toilette mit Tusche eingebaut.

Jede Etage bekam ihre eigene Gasheizung oder Gastherme ,Wasser – und Stromleitungen wurden erneuert, auch die Abwasserleitung musste erneuert werden. Man hatte beim Einbau der ersten Wasserklosetts im Keller in den 60ziger Jahren die Tonröhren für Abwasser einfach mit einem Hammer eingeschlagen und hier die Leitung für das WC-Abwasser nur reingelegt. Falls es viel zu solchen Abwässer durch Klo oder Starkregen kam, lief das Abwasser zu den Löchern in das Erdreich unter dem Haus. Das Erdreich war schlammig und hatte den Fußboden im Keller schon durchnässt. Jeder bekam Warmwasser in die Wohnung. Die Keller wurden überholt, die Türen ausgewechselt und in einem größeren Kellerraum wurde ein Wasch – und Trockenraum eingerichtet. Jeder konnte seine Waschmaschine aufstellen, alle bekamen auch hier eigenen Wasseranschluss und Abwasserleitung sowie eine Steckdose zum Anschluss der Waschmaschine. Ich stellte noch einen Kondenstrockner mit rein, den jeder benutzen konnte. Unsere Vorbesitzerin hatte Wohnrecht auf Lebenszeit und bewohnte die Wohnung in der 2. Etage. Wir hatten ein herzliches Verhältnis zu ihr und so konnte meine Frau täglich nach ihr sehen. Das war ihr und unser Glück. Meine Frau fand sie in ihrem Korridor liegend ohne Besinnung. Der Arzt und ihre Nichte wurden informiert, sie wurde ins Krankenhaus gebracht und danach kam sie in das Pflegeheim in der Paul – Schneider – Straße, wo sie bis zu ihrem Ableben blieb.

Nach der Renovierung dieser Wohnung zog dann meine Schwägerin Gisela K. mit ihrem Ehemann Hans-Jochen ein. Wir wohnten bis Mai 1998 im Neubaugebiet Apolda – Nord. Vor dem Haus ,Leutloffstraße 109 war für die Kinder eine Sandspielgrube. Hier beim Spielen lernte unsere Christin ein anderes Mädchen aus der Straße kennen, mit ihr freundete sie sich sehr stark an. Oma war mit ihr in der Edeka – Kaufhalle einkaufen. Als sie auf dem Rückweg kurz vor der Überquerung der Straße waren, lies die Enkelin plötzlich Omas Hand los und rannte über die Straße. Sie konnte die Kleine gerade noch kurz vor einem Auto ergreifen. Ja, Christin hatte auf der anderen Seite ihre Freundin gesehen und wollte zu ihr. Dabei wäre fast das Malheur geschehen. Oma war so aufgeregt, das sie ihrer lieben Enkelin das erste Mal und nie wieder ein paar Schläge auf den Hintern gab.

9. Unsere liebe Enkelin:

Das ist unsere Schwiegertochter Conny mit unserer Enkelin Christin

Kurz vor Weihnachten 1994 überlegten wir uns, was Tini zu Weihnachten zum Spielen bekommen sollte. Unter vielen Geschenken, die wir ihr kaufen wollten war ein Dreirad angedacht. Wir wussten nicht, ob sie mit ihren Beinen an die Pedalen der Tretkurbel kommen würde. Zu dieser Zeit gab es in der Jenaerstraße noch den Kaufmarkt. Hier gab es von Lebensmitteln bis zum Spielzeug alles Mögliche. Wir nahmen sie mit in den Markt, kauften erst einige Sachen ein und gingen dann zum Spielzeugbereich. Hier standen auch Roller und Dreiräder verschiedener Modelle. Sie setzte sich sofort auf eines der Dreiräder und fuhr damit Hin und Her. Als ich sie da herunter heben wollte, fing sie sofort an zu schreien, aber wie. Viele Verkäuferinnen kamen und brachten ihr kleine Geschenke, alles warf sie weg, sie wollte das Dreirad und nichts anderes. Mir blieb nichts weiter übrig, es zu kaufen und sie damit heimfahren zu lassen. (Mindestens bis zum Auto und vom Auto bis ins Haus). Es kam das Weihnachten heran, wir hatten bestimmt 10 Päckchen mit Bekleidung und Spielsachen für den Weihnachtsmann zurecht gemacht. Unser Neffe Enrico musste den Weihnachtsmann spielen. Zu diesem Weihnachtsfest waren auch Familie Behnke aus Berlin da mit ihren Kindern Andreas, Katja und Claudia. Für alle gab es Geschenke. Als Christin vom Weihnachtsmann aufgerufen wurde, erzählte sie ihm mit zitternder Stimme die Geschichte, wie sie und Oma im Garten von dem großen Unwetter überrascht wurden und von ihrer großen Angst dabei.

Im Sommer 1997 waren wir mit unserer Enkelin im Urlaub in Oberwiesenthal. Wir haben dort einen wunderschöne Zeit mit ihr verbracht. Doch gab es ein Ereignis, was sie ihrem Opa vermutlich nie vergessen wird. Wir liefen über die Grenze in die Tschechei nach Bozi Dar (Gottes Gabe zu Deutsch). Wir wollten uns da etwas umschauen und dann mittags in die Gaststätte zum Essen gehen. Das taten wir auch und es gab Schweinebraten, Knödel und Sauerkraut. Nach dieser Stärkung machten wir uns auf den Weg zurück ins Hotel nach Oberwiesenthal. An der Grenzstation gab es beim tschechischen Zoll keine Probleme. Die deutsche Grenzbeamtin schaute nach unseren Ausweisen und verlangte den Kinderausweis für Christin, den wir nicht mit hatten. Sie bestand darauf, dass wir diesen mit haben müssen, sonst dürften wir mit unserer Enkelin nicht über die Grenze. Ich versuchte ihr klar zu machen, wie gut es gewesen sei, wenn man uns auf den Weg über die Grenze danach gefragt hätte. Es half alles nichts. Vor Wut sagte ich dann, „Behalten sie das Kind, wir gehen“. Wir waren keine 5 m weg, da brachte sie uns unsere Christin hinterher. Tini war sehr Böse auf mich. Ich musste ihr lange erklären, warum ich das gesagt und sie dort gelassen hatte. Es hatte ja auch Erfolg.

Im Jahr 1997 kam unsere Christin in Dresden in die Schule. Bei dieser Schuleinführung mit Zuckertütenfest waren wir dabei. Kurz danach wurde viel darüber gesprochen, das sich Täter an den Schulkindern vergriffen haben sollen. Zu dieser Zeit sagte ich meiner Frau einmal: „Sollte sich Einer mal an unserer Enkelin vergreifen, du kannst mir glauben, ich nehme eine Pistole aus dem Panzerschrank und fahre nach Dresden und suche den Täter"! Zum Glück, brauchte ich das nicht. Waren wir mit unserer Enkelin in größeren Einkaufzentren, brauchten wir stets mehrere DM – Stücken. Denn fast vor allen dieser Geschäfte standen Automaten (elektrische Spielgeräte), die mit 1,- DM angetrieben wurden. Die liebe Enkelin kam davon nicht los.

Schon ein Jahr zuvor, im Jahr 1996 kauften wir durch Vermittlung unserer damaligen Schwiegertochter Brita, einen Privatgarten 960 qm groß von dem Ehepaar Meier ab, die zu dieser Zeit im Apartmenthaus in Apolda, ETR (Ernst – Thälmann – Ring) 63 wohnten. In diesem Garten stand eine alte Bretterlaube mit 1 Schlafkammer, eine kleine Küche und ein Wohnraum. Darunter war ein Keller mit Fließen ausgelegt. Weiter gab es eine Holzhütte, die als Werkstatt funktionierte und als Abstellkammer. Gegenüber war ein Bretterklo mit einem Eimer unter dem Loch. Diesen Garten zahlten wir auf Ratenbasis ab. Der Garten war mit diesen Aufbauten so geblieben bis nach dem Tot meiner Ehefrau am 05. Januar 2006. Nur die Gestaltung der Beete wurde nach unseren Wünschen durch geführt. Hier kam für Tini zu Ostern auch der Osterhase. Der Garten bot hier viele Versteckmöglichkeiten für die bunten Ostereier und für andere Kleinigkeiten.

10. Die Familie unseres Sohnes Carsten:

Unser Carsten hatte ebenfalls die Offiziersschule der Grenztruppen absolviert und war 1988 Leutnant geworden und ihm wurde der akademischen Grad des Diplomgesellschafters verliehen. Schon auf der Penne hatte er seine spätere Frau Brita R. kennengelernt. Sie hatte in Merseburg ein Chemikerstudium aufgenommen und als Diplomchemikerin abgeschlossen. Im August 1990 heirateten sie auf dem Standesamt Apolda und die Hochzeitsfeier fand in der Gaststätte „Feldschlößchen" in Großheringen statt. Ich hatte damals einen gebrauchten Opel Ascona. Mit diesem wurde das Ehepaar von einen meiner Mitarbeiter Uwe B. zum Standesamt und nach Großheringen gefahren. Vorher war der PKW für die Aufgabe geputzt und auf Vordermann gebracht worden.

Brita übernahm nach der Wende die „Alte Stadtapotheke" von ihrer Mutter auf dem Markt in Apolda und brauchte dazu noch ein Zusatzstudium an der Fridrich – Schiller – Universität zu Jena als Pharmazeutin. Carsten wurde dann, wie auch sein Bruder Fred aus der Armee Ende 1990 entlassen. Beide hatten von der NVA Übergangsgeld erhalten und mir das zur Verfügung gestellt, da ich da schon die Auseinandersetzung mit dem Unternehmer aus Hessen und mit der Volksbank hatte. Carsten nahm gleich nach der NVA eine Tätigkeit als Eisverkäufer bei BOFROST in Fulda auf. Hier blieb er knapp 5 Jahre. Etwa ab 1996 begann er bei mir in der Firma als Akquisiteur. Ab dieser Zeit wohnte Carsten und Brita bei ihrer Mutter im Haus in der Brehmstraße. Ihre Mutter Eva R. war Rentnerin geworden und kümmerte sich später sehr um ihren Enkel. Carsten trennte sich dann von seiner Frau und zog zu einer Frau in die Jenaerstraße. Nach der Insolvenz der

Firma, aber schon lange vorher, nahm Carsten eine Tätigkeit in der Diakonie in Bad Sulza auf, wo seine jetzige Frau Doreen als Kindergärtnerin tätig ist. Carsten hat dann Verteilungsaufgaben in der Küche dieser Einrichtung übernommen, die anfangs noch in Bad Sulza war und neu errichtet wurde bei Apolda. Hier ist er verantwortlich für die Verteilung der Schulessen und für die Kindertagesstätten.

11. Unser Enkel Markus Julius:

Er wurde ca. knapp 9 Monate kurz nach einem Urlaub in der Dominikanischen Republik am 22. Juli 1997 geboren. Seine Eltern waren jedes Weihnachten mit ihm bei uns und feierten mit uns und mit der Familie von Fred das Fest der Liebe. Auch hier hat unser Neffe Enrico sehr oft den Weihnachtsmann machen müssen. Natürlich hatten wir unseren Enkel, wir nannten ihn nur Julius, auch oft nach dem Kindergarten bei uns. Wir haben ihn in der Woche 2 – 3 mal aus dem Kindergarten „Zwergenland“ in der Müllerstraße abholen dürfen. Auch er verstand es speziell mir zu verstehen zu geben, wohin es gehen sollte und was er haben möchte. Zu meinen Kindern habe ich immer öfter auf Vorwürfe sagen müssen: „Eltern müssen ihre Kinder erziehen, Großeltern haben das Recht ihre Enkel zu verwöhnen“! Das kam bei ihnen nicht immer so gut an, aber wir kamen klar miteinander. Für Julius war die Möglichkeit nicht sehr groß, das wir ihn mit in den Urlaub nehmen konnten. Da waren oft die Eltern unterwegs oder die Oma Eva. Unser Sohn Carsten hat sich dann viel mit Ehrenämtern beschäftigt. So war er viele Jahre Präsident des Handballsportvereins Apolda und Präsident eines Faschingsclubs in Niederroßla / Pfiffelbach. Hier im Faschingsclub lernte er die Tanzlehrerin des Clubs kennen Frau Doreen J. Er verließ 2005 seine Frau und es kam zur Scheidung. Sie bekamen am 23.August 2006 ihren Sohn Marian, der schon nach 6 Monaten das Licht der Welt erblickte. Ein guter Bekannter unseres Sohnes war der Fleischermeister Bennewitz. Ich kann sagen, wo der eine in der freien Zeit war, war auch der andere. Mit der genauen Arbeitszeit nahm Carsten es nie so genau. Er hatte viel übrig für das Freizeitvergnügen. Das ließ ganz schön nach, als er mit Doreen zusammen war. Meine Frau und seine Mutter bekam noch auf dem Pflegebett mit, das er sich von

Brita getrennt hatte und bei einer anderen Frau wohnte. Er durfte immer die Mutter besuchen, aber sie verbot ihm, die andere Frau mit zu ihr zu bringen. Mutter Ingrid hat somit nie bewusst mitbekommen, wer die andere Frau war, doch am Tage ihres Todes war sie mit bei uns, da war die Mutti nicht mehr bei uns.

Carsten war ja am 31. Dezember 1966 geboren. Im Jahr 1996 feierten wir in der Gaststätte „Marienhof“ in der Erfurterstraße seinen Geburtstag und Sylvester. Nach Mitternacht wurden zu Ehren des neuen Jahres Feuerwerk und Raketen angezündet. Wir schauten vor der Gaststättentür zu, als meine Frau eine Rakete direkt in den Ausschnitt bekam und sich dabei eine erhebliche Brandwunde zugezogen hatte.

12. Wir feiern 40 und 50jährige Konfirmation:

Im Jahr 1997 hatten wir Schüler des Abgangsjahres 1957 unsere 40 jährige Schulentlassung und Konfirmation. Hier konnte ich das erste Mal meine ehemaligen Mitschüler, die in die BRD, bzw. auch später mit ihren Ehepartnern verzogen waren, treffen. Ich durfte ja vorher keinen Kontakt zu diesen Personen haben. Ich freute mich sehr, dass ich meine ehemaligen Mitschülerinnen und Mitschüler wieder sehen konnte. Leider waren da auch schon welche nicht mehr anwesend (Krankheit oder Tod). Fast alle konnte ich zum 50jährigen Jubiläum wiedersehen. Man lud mich mit in die Kirche ein, wo die 50jährige Konfirmation erfolgte (ich war ja mal katholisch). Dann machten wir eine Rundfahrt mit einem Fuhrunternehmer durch die Gegend von Eberstedt, Niedertrebra, Bad Sulza durch Wald und Feld bis Bad – Kösen in die Gaststätte „Himmelreich“. Hier haben wir bei Kaffee und Kuchen und später noch Abendbrot gegessen und wunderschöne Stunden miteinander verbracht. Die Familie Kanter hat an diesem Tag auch schöne Rollenspiele uns vorgeführt. Auch andere haben tüchtig zum guten Gelingen beigetragen. Hier muss ich unsere ehemalige Schulfreundin Gerlinde Kaiser geb. Schmidt benennen. Leider hat sie die Erde schon verlassen. Diesen Weg ging schon vorher Jens Kipp, Paul Kempa, Rolf Ahlendorf, Elke Murr und Erich Wlodkowski.

Ich habe seit 2007, wie alle anderen, keinen Kontakt mehr zu den ehemaligen Klassenkameraden. Daher weiß ich nichts mehr über meine ehemaligen Mitschüler, die außerhalb unseres Einzugsgebieten leben. Doch habe ich manchmal die Bärbel Dressler, die Heidemarie Schäfer und Margit Lippach getroffen (ihre Mädchennamen).

13. Der weitere Haus - und Hofausbau:

Den Ausbau unseres Dachbodens begannen wir etwa 1995 und ließen uns auch Zeit damit. Die Absicht bestand, dort eine Gelegenheit zu schaffen, wo wir unsere Belegschaftsversammlungen und unsere Feiern durchführen konnten. Wir standen vor der Fertigstellung, als unsere damalige Schwiegertochter uns mitteilte, von ihrer Freundin die Mutter wollte nach Apolda ziehen und suchte eine kleine Wohnung. Sie wurde zur Besichtigung eingeladen und ihr gefielen diese Räume, die sie sofort anmietete. Wir hatten eine ca. 8 m langes und 4 m breites Zimmer, ein Bad mit Toilette und Warmwasser sowie Elektroheizungen darin und eine kleine Küche und eine Schlafgelegenheit. Wir waren gerade mit dem Ausbau fertig, da stand die Frau schon mit dem Möbelwagen da.

Das Hofgrundstück Nr. 62 war ein einziger Kohlehaufen (Kohlendreck). Da wir ein Bewachungsunternehmen waren und mehrere Kunden den Wunsch äußerten, die durchzuführenden Kontrollen mit Diensthunden zu tätigen, bauten wir auf dem Hof 5 feste Hundezwinger. Einer davon wurde als Futterküche genutzt. Wir haben dann aber nur 2 Diensthunde benötigt. In den übrigen Zwingern wurden Werkzeuge und Geräte untergestellt. Direkt an die Hauswand auf der Hofseite bauten wir aus massiven Stahlblech einen großen Carport für 10 PKW. Jeder Bewohner erhielt einen Carport und der Betrieb Vier. Der Carport wurde vor allem gebaut, weil sich das Wasser bei starken Regen im Hof staute und dann die Grundmauern nässte. Der Kohledreck wurde dann in Containern weggebracht und der gesamte Hof gepflastert. Unsere Hausmeister, wir hatten immer 2, die im Winter den Schnee entfernen mussten und im Sommer kehrten, vor allem bei unseren Kunden aber auch vor unserem Grundstück. Auf dem Hof bauten wir ein kleines Häuschen aus Stein, darin wurde ein Ofen reingesetzt für unsere Hausmeister und verschiedenes Werkzeug aufbewahrt. Sowie ein Tisch und 2 Stühle, Wasseranschluss war auch da. Holz gab es anfangs zur Genüge durch die Baumaßnahmen. Der ehemalige Heizungskeller der Gärtnerei wurde beräumt, sauber gemacht und ein Estrichboden eingebracht. Rundum wurden Regale aufgestellt, hier sollten dann unsere Unterlagen, wie Ordner und anderes untergebracht werden.

Im Nebenkellerraum wurde die Viessmann Heizung für die Betriebsräume aufgestellt und angeschlossen.

14. Die elektrischen Eisenbahnen:

In dem Betriebskeller baute ich für meinen Enkel Julius eine Eisenbahn auf, Spur LGB, mit entgegen führenden Gleisen, Weichen, Stellwerk, ,Lokschuppen, Signalanlagen, Straßenführungen, Bahnsteigen, Fahrzeugen und Wohnhäusern, Figuren und Trafos zur Gestaltung der Anlage. Dazu hatte ich 1 ICE – Zug, 1 Dampflokomotive, 2 Rangierloks, 1 Triebwagen mit Anhänger und diverse Wagen und Waggons. Dazu waren jede Menge Ersatzteile vorhanden. Die Gleise lagen auf naturfarbenen Gleisbetten. Zu der großen LGB – Bahn kaufte ich noch eine Grundplatte für eine HO – Bahn und diese wurde erweitert mit einem Tunnel, Häusern, Schienen, Bäumen, Kühe auf einer Weide, verschiedene Autos passend alles zur HO – Bahn. Dazu Trafo und Weichen, Stellwerk, Signale und 2 Personenzüge mit Dampflok und Tender und einzelne Lokomotiven. Am meisten habe ich damit gespielt und gebaut. Der Enkel war nicht allzu oft im Keller um mit mir zusammen zu spielen, und wenn, dann kam er nicht zurecht oder ließ die Züge zu schnell fahren und sie flogen aus den Gleisen. So verlor er recht schnell den Mut zum Spiel. Nach 2006, ich hatte den Betrieb an unseren Sohn Carsten übergeben, stellte ich plötzlich fest, dass die Eisenbahnen nach und nach verschwunden waren. Auf meine Nachfrage, wo diese hin sei, war sie das erste Mal im Glockenhofcenter in Apolda ausgestellt worden und danach hat unser Enkel sie über Ebay verkauft. Den tatsächlichen Wert hat er nie bekommen, man könnte sagen, er hat sie verramscht. Aber es waren ja seine Anlagen, ich hatte sie für ihn aufgebaut. Klägliche Reste sind im Keller noch vorhanden.

15. Die Freundschaft mit Familie Lange:

Unsere Bekannten, Lutz Lange und seine Frau Marlene.

Familie Lange, Lutz und Marlene und deren Kinder Marko und Michael waren 1976 im Polizeiferienheim des MDI in Benneckenstein, wir waren zur gleichen Zeit mit unseren Kindern auch da. Langes kamen mit PKW Trabant 601 und wir mit der Harzquerbahn dort an. Unserer Kinder freundeten sich an und so kamen wir als Eltern auch zueinander. Langes nahmen uns überall in ihren Trabi mit, wenn wir in der Gegend uns umschauen wollten. Aus dieser Freundschaft wurde eine wirklich feste Freundschaft. Sie waren beide bei der Schutzpolizei, zuerst in Klötze, später in Magdeburg. Wir besuchten uns gegenseitig mehrmals im Jahr und es war immer eine wunderbare Zeit. Vor allem Marlene, ich kann sie gar nicht genug loben, sie hatte immer für uns Zeit und bereitete sich sagenhaft auf unser Wiedersehen vor. Sie kochte, buk für uns mit, wenn sie besondere Südfrüchte besorgen konnte, dann auch für uns und besorgte für uns auch Spargel. Es gab ja genügend davon in der Magdeburger Börde. Leider schlief diese Freundschaft über die Wende kurzzeitig ein, wegen der Arbeit und der vielen Unannehmlichkeiten insgesamt. Es war wieder mal ein Tag, wo ich mich an diese Familie erinnerte und rief in der Polizei Inspektion in Magdeburg an und fragte nach Ihnen. Sie waren nicht anwesend, der Polizist durfte mir keine Telefonnummer und Anschriften geben. Aber er hatte sich den Anruf aus Apolda gemerkt und dies der Marlene Lange mitgeteilt. Sie rief umgehend in Apolda an und so waren wir als Familien wieder vereint in alter Freundschaft. Sie hatten gleich nach der Wende sich mit einigen Bekanntschaften aus Berlin und Bad Salzuflen zu einem Weinkreis zusammen gefunden und fuhren jährlich zum Weinfest zum Weinschloss nach Guntersblum in Rheinland Pfalz. Es war im Jahr 1993, da teilte uns Marlene mit, das eine Familie wegen Todesfall zu diesem Weinfest nicht mit könne, aber das Zimmer sei bestellt. Ob wir mitfahren möchten. Natürlich wollten wir. Seit diesem Jahr fuhren wir alle Jahre wieder zusammen nach Guntersblum. Da bekamen wir später keine Unterkunft mehr und wir wurden nach Eimsheim, ca. 5 km weg, zum Winzerhof Biegler umgeleitet. Bis 2005 mit meiner Frau, danach mit meiner Lebensgefährtin Christa W. Mit ihr war ich bis 2017 jedes Jahr Ende Juli dort. Marlene Lange war dann an Magen- und Darmkrebs erkrankt und war am 09.12.2015 verstorben. Zur Trauerfeier und Beisetzung waren wir dabei.

Hier in Guntersblum und dann in Eimsheim haben wir Lutz seinen Geburtstag am 27.Juli jedes Jahr gefeiert. Das heißt, wir waren in jedem Jahr die letzte Woche im Juli in Guntersblum bzw. dann in Eimsheim. Da Lutz keine Geschenke haben wollte, haben wir die Apoldaer Bratwürste, Brätel und das Hackfleisch für Bratklopse mitgebracht und auch den Rost und haben dort für alle Gäste und die Wirtsleute einschließlich ihrer Kinder und Beschäftigten gebraten. Nach Eimsheim sind die Bad Salzufler nicht mehr mitgekommen. Es gab ein Zerwürfnis zwischen dem Ehepaar und der Familie Lange, was von dem Paar aus Bad Salzuflen ausging. Sie stammte aus dem Erzgebirge und hatte die DDR verlassen und ihren Mann Siegfried geheiratet, die Ehe war kinderlos. Sie war von Beruf Köchin und arbeitete bis zur Rente als Köchin bei der Deutschen Bahn. Siegfried war gelernter Maurer, konnte die Tätigkeit nicht mehr ausüben und schulte zum Physiotherapeuten um. Ich hatte mit ihnen noch bis zur Erkrankung der Marlene Kontakt. Sie wollte den Kontakt mit uns wegen dem Lutz Lange dann nicht mehr. Ab 2018 bin ich mit meiner neuen Lebensgefährtin Ingrid S. nach Eimsheim gefahren und haben uns dort mit dem Lutz und seinen Kindern getroffen. Der Biegler Wein schmeckt uns genauso gut wie der aus Guntersblum und ist auch etwas preisgünstiger. Lutz wird dieses Jahr auch das 80. Lebensjahr vollenden, sicher zu Hause in Magdeburg. Da werden wir bestimmt eingeladen und fahren auch hin zum Gratulieren.

16. Krankheit und Tod meiner Frau:

Bei der Schwangerschaft meiner Frau mit ihrem Sohn Carsten soll dieser auf dem Harnleiter gelegen haben. Dabei konnte der Urin aus der linken Niere nicht ordentlich ablaufen. So kam es, dass ihr die Niere versagte und vergiftet war. In der Folge wurde die linke Niere im Jahr 1970 entnommen im Krankenhaus Apolda (noch die alte Anlage in der Robert Koch Straße). Sie sollte wegen der Gefahr, das eine mögliche Schwangerschaft ihr Leben und das des Kindes bedrohen würde, keine Kinder mehr bekommen und bekam die „Pille" verschrieben. Die Folge der OP war, sie bekam eine Schrumpfblase. Das bedeutete für sie, sie musste in jedem viertel Jahr einmal in die Chirurgie IV (im alten Krankenhaus) zum Blasenweiten. Das wurde mit einer heißen Flüssigkeit durchgeführt. Dabei war sie seit 1970 Invalidenrentnerin mit 22 Jahren. Außer den Krankenhaus Aufenthalten war sie mindestens 1 mal im Monat bei den Urologen in Apolda im Bereich des Puschkinplatzes. Meine Frau war aber ganz verrückt und wollte mindestens 6 Kinder haben, das war ihr verwehrt. Auf Grund der regelmäßigen Verhütungspillen wurde sie zunehmend kräftiger. Sie war ja nur 1,59 m groß und wog 56 kg. Plötzlich hatte sie ein Gewicht von 76 Kilo erreicht. Sie erlitt als Folge innerhalb von 2 Jahren zwei Schlaganfälle. Die Chirurgen behaupteten, das sei durch die Pille gekommen, das stritten die Frauenärzte jedoch ab. Wie ich bereits mitteilte, war meine Frau nach den Schlaganfällen ganz leicht beim Gehen behindert. Sie konnte danach aber nicht allein zu Hause bleiben, sie hatte Angst vor dem Alleinsein. Sie ging viel in die Stadt, es geschah hier öfter, das ich von einzelnen Verkaufsstellenleiterinnen angerufen wurde und man teilte mir mit, das man meine Frau ohne Besinnung auf dem Gehweg vorgefunden habe. Es wurde der Notruf angerufen, jedoch war sie kurze Zeit später wieder ansprechbar. Wenn sie von solchen Ausflügen dann nach Hause kam, erzählte sie mir oft, was in der Stadt so geschehen ist. Ein paar Mal hat sie sich bei mir beschwert, das war so Mitte der siebziger Jahre, es würde keine Schlüpfer zu kaufen geben, auch andere Unterbekleidung fehlte oft. Da sie sehr darüber aufgebracht war, sagte ich ihr, ich habe dich noch nie ohne Schlüpfer, BH oder Unterkleid gesehen. Das nahm sie mir übel und schimpfte noch mehr. Ich musste sie eindringlich daran erinnern, ich sei bei der Polizei und sie möchte etwas leiser sprechen, nicht das die Nachbarn das noch mitkriegen würden. Daraus könnte für mich Ärger entstehen und dabei bat ich sie, nicht unterwegs über solche Dinge zu sprechen oder sogar zu schimpfen.

Im Juli2005 waren wir mit der Familie Lutz und Marlene Lange in Schlitz bei Fulda auf Urlaub. Plötzlich bekam sie sehr starke Unterleibsschmerzen. Der Besuch eines Arztes in Fulda erbrachte den Hinweis, wir sollten sofort nach Apolda zurück fahren und sie sollte auch zugleich ihren Urologen aufsuchen. Das taten wir auch noch am gleichen Tag. Der Urologe überwies sie in die Klinik für Urologie nach Jena mit dem Krankenwagen. 4 Tage später an einem Montag gegen 17.00 Uhr besuchte ich sie. Ich war noch gar nicht lange in ihrem Zimmer, da kam ein Chefarzt oder Stationsarzt und sagte zu ihr: „Die entnommene Probe ist positiv, sie können mit ihrem Mann gleich nach Hause“. Auf der Heimfahrt erfuhr ich dann, dass sie in der Blase ein bösartiges Geschwür habe. Gleich am nächsten Tag war sie wieder beim Urologen und der schickte sie sofort wieder ins Krankenhaus nach Jena. Dort haben sie ihr den restlichen Urinabfluss von der rechten Niere nach draußen verlegt und sie bekam einen Urinbeutel. Bei einem Besuch im Krankenhaus habe ich den behandelnden Arzt gefragt, warum man sonst nichts weiter mit ihr unternimmt. Er sagte mir: Herr Rodner, ihre Frau ist im gesamten Körper bereits mit Metastasen befallen, wir können einfach nichts tun. Wir könnten ihr noch nicht einmal ein Bein amputieren, so ist alles verkrebst in ihrem Körper. Von da an lag sie fast meistens im Bett. Sie stand aber noch auf und kümmerte sich etwas um den Haushalt. Ich war wieder einmal Anfang Dezember 2005 in Gera und habe Unterricht gegeben. Als ich nach Hause kam, stand in unserem Wohnzimmer eine Pflegebett mit meiner lieben Frau. Ihre Schwester Gisela, ihre Nichte Silke waren bei ihr und ihr Sohn Carsten. Er hatte das mit ihrer Hausärztin Frau Dr. Däbritz abgesprochen. In diesem Zusammenhang möchte ich erwähnen, dass diese Ärztin bis zum Tod meiner Frau sich rührend um sie gekümmert hat, sie erhielt Schmerzpflaster, wie sie es brauchte und litt keine Schmerzen. Auch meine Schwägerin und ihre Tochter Silke haben sich aufopferungsvoll um sie gesorgt. Auch eine Pflegedienst aus Jena kam täglich und hat ihr über Sonden die Nahrung zugeführt. Das Weihnachtsfest wurde nicht mehr gefeiert, dazu gab es keinerlei Anlass. Ich möchte über ihren Todeskampf nicht sprechen, er war furchtbar für alle Anwesenden. Ihre Geschwister, ihre Kinder und die Ärztin waren dabei, als sie am 05. Januar 2006 verstarb, es war für sie ein ganz schwerer Abschied, auch für uns. 14 Tage später fand die Beisetzung ihrer Urne auf dem Friedhof in Apolda auf unseren Familiengrab statt. Bei dieser Beisetzung hielt Antje Schmidt die Trauerrede und sie brachte uns den Sänger Ronny Weiland mit. Er war damals noch nicht so bekannt und sang am Grab das Lieblingslied meiner Frau: „Abschied ist ein scharfes Schwert".

17. Alleinsein - Nein Danke!

Nach nur wenigen Wochen habe ich es nicht mehr fertig gebracht, allein zu bleiben und bemühte mich um Frau Brigitte B. die ich bereits kannte und auch Witwe war. Sie war sehr freundlich zu mir und lud mich auch zu Kaffee und Kuchen ein. Doch fand ich, sie war nicht ganz abgeneigt mit mir eine Verbindung einzugehen. Wir besuchten öfter die Gaststätte „Schweizerhaus" in Apolda und ich lernte dort auch einen Arzt kennen, der später diese Gaststätte aufgekauft haben soll. Durch sie lernte ich dann ihre Nachbarin Christa W. kennen und wir wurden bald ein Pärchen. In der ersten Nacht unseres Kennenlernens wurde am 23. August 2006 mein dritter Enkel Marian nach 6 Monaten Schwangerschaft als sogenanntes Frühchen in Jena geboren.

Mit Christa fuhr ich Ende August 2006 nach Mittersill in den Urlaub zu Rieders. Hier verbrachten wir 5 schöne Tage mit PKW Fahrten quer durch das Salzburger Land.

Christa gab den Anstoß zur Umgestaltung des Gartens. Sie wollte nicht in dieser alten aus Brettern bestehenden Laube wohnen. Für 3 – 4 Monate im Jahr wohnten wir vom Anfang Juni bis September in dem Garten. Das gefiel ihr nicht, zumal die Mäuse bei uns aus und ein gingen und wegen des Abort. Da ich 2008 mein Rentenalter erreicht hatte, ließ ich mir meine private Rentenversicherung auszahlen. Die alte Laube wurde abgerissen. Dabei stellten wir fest, dass die Wände mit Zeitungen aus der NS – Zeit abgedichtet waren, in der Schlafkammer waren die Grundbalken nur auf Backsteine gelegt worden, die auf der Erde lagen. Das gesamte Abrissmaterial kam in den Kellerraum. Wir haben vom Eingangstor aus einen 2 m tiefen Graben ausgehoben und darin wurden die elektrischen Leitungen, die Wasserleitung und die Abwasserröhren verlegt. Von der Apoldaer Wasser GmbH ließen wir den Abwasser Anschluss bis an das Eingangstor legen und verbanden die Röhren miteinander. Auf den alten Laubenstandort ließen wir von der Firma Betonmüller eine fast 20 cm starke Betondecke fertigen, vorher hatten wir durch das Kellerfenster die Elektro-, Wasser– und Abwasserleitungen verlegt und hoch gelegt, so dass die Anschlüsse über die Betondecke zu liegen kamen. In Isserstedt kaufte ich ein Fertighaus mit 42 qm und Schlafboden. Die Firma Kürbs aus Sulzbach bauten das Haus dort ab und in meinem Garten wieder auf. Der Schwiegersohn von Christa – Thomas A. – hat 2 Tage lang, dieses Holzhaus mit Holzschutzfarbe innen ausgespritzt. Danach wurden 2 Toiletten erbaut, eine für Herren und eine für Damen. Die Damentoilette wurde zugleich unser Duschraum und die Waschmaschine wurde hier mit untergebracht. In beiden Toiletten kam Wasseranschluss für WC und zum Händewaschen. Der alte Schuppen wurde bis auf die Grundmauer abgerissen und eine große geräumige Küche darauf errichtet. Wir hatten die Absicht, ein Sommercafe zu eröffnen, dazu benötigten wir noch den entsprechenden Raum.

Durch meine Verwandtschaft auf Seiten meiner Ehefrau bekam ich zum 65. Geburtstag zwei Carports aus Holz geschenkt. Von diesen Carports fertigten wir eine 45 qm große Halle, die nicht mit der Erde verbunden wurde (Einschlaghülsen). Die freien Seiten wurden mit Plastefenstern versehen und zur Hälfte mit Holz verkleidet. Dann wurden die Einrichtungen angeschafft, für das Holzhaus, für die Küchen, für die Halle und die Toiletten. Wir benötigten aber auch Unterstellmöglichkeiten für die Gartengeräte, Werkzeuge und Maschinen. Im Baumarkt fanden wir das notwendige Teil. Es war eine Blechhütte, ca. 6 qm groß, die wir einfach nur auf Betonplatten aufstellten. Die Tochter Birgit von Christa hatte sich bereit erklärt, für das Kaffee zu backen. Als wir das alles fertig hatten, war wieder eine längere Zeit vergangen und wir wurden uns einig, dass wir uns die Arbeit nicht noch aufhalsen würden und ließen alles so wie es war, - kein Kaffee-. Wir hatten im

Garten 3 Beete mit Erdbeeren, 1 großes Gerüst, an dem wir Brombeeren anpflanzten, 1 weißen Weintraubenstock und 2 blaue, rote und schwarze Johannisbeeren, blaue und gelbe Mirabellenbäume und 1 Süßkirschenbaum. Kirschen und Mirabellen wurden eingekocht, meistens mehr als 20 Gläser jeder Sorte. Wir fertigten aber auch Marmelade aus den geernteten Früchten an. Ein Pfirsichbaum steht in meinem Hof am Haus und trägt viele große Früchte. Auch hiervon wurde eingekocht und Marmelade zubereitet. Für die Marmelade gibt es mehrere Möglichkeiten der Fertigung. Zum einen, die Früchte waschen und in den Entsafter geben, gut auskochen lassen. Den Saft dann abmessen und Gelierzucker 2 : 1 (2 bis 2 ½ Tüten) einrühren, über Nacht stehen lassen, am nächsten Tag ca 8 – 10 min aufkochen lassen und sofort in die Gläser füllen und diese verschließen. Zum anderen, Früchte entsteinen, waschen und in einem Topf mit etwas Wasser kochen lassen. Dann die Früchte durch ein feines Sieb abgießen und richtig mit einen Quirl durchreiben. Mit dem so gewonnenen Saft weiter verfahren wie oben beschrieben.

Im Jahr 2014 war ich in den Ortsverband des BRH Apolda eingetreten und Christa im darauf folgenden Jahr auch. Wir haben dann mit diesem Verein jedes Jahr ein Gartenfest in meinem Garten durchgeführt. Auch mein Geburtstag wurde im Garten im Kreis meiner Verwandten und Bekannten gefeiert.

Wir blieben insgesamt etwas mehr als 12 Jahre zusammen. Über die Gründe unserer Trennung möchte ich nur kurz erklären, sie hatte sich öfter gehen lassen, mich angebrüllt, so dass ich sie sogar mal aus dem PKW weisen musste. Zu ihrem 3 Töchtern hatte ich gute Kontakte und wir wurden auch zu allen Feierlichkeiten eingeladen. Am besten verstand ich mich mit ihrer Tochter Birgit, ihren Mann Thomas und deren Sohn. Mit Christa war ich 4 mal zur Kur in Jachimov (deutsch - Joachimstal) in der Tschechei, auch10 mal in Mittersill, hier oft mit Familie Lange, mit meinen Schwager Wolfgang und meiner Schwester, mit meinem Bruder Karl Heinz und Frau, mit meinem Sohn Fred und Frau und mit meiner Enkelin Christin. Wir waren zusammen zweimal in Tschechien und besuchten unsere alte Heimat mit meinem gesamten Geschwistern (außer Elisabeth-sie war schon verstorben). Auch mit dem Reiseunternehmer Baumeister waren wir mehrmals, hier in Bayern, in Oestereich, in Polen, in Dänemark und in den Niederlanden unterwegs. Nach Fertigstellung unseres Gartenhauses und Anbauten haben wir jedes Jahr vom Mai bis Anfang September im Garten gewohnt. Hier pflegten wir die Blumen, unsere Erdbeerbeete, unsere 3 Stöcke Weintrauben – weiß und Blau -, unsere Brombeerhecke und all die anderen Sträucher und Bäume. Genau 1 Tag vor meinem 75. Geburtstag begann sie wieder einen Streit mit mir und zog aus dem Garten aus. 2 Tage nach dem Geburtstag kam sie wieder und entschuldigte sich bei mir. Ich habe ihr nicht verzeihen können, dass sie mich zu meinem Geburtstag hat allein sitzen lassen. Ich hatte mir aber auch andere Gäste aus unserem Seniorenverband eingeladen und feierten in meinem Garten. Darunter auch meine ehemalige Jugendliebe Ingrid S. die seit 3 Jahren auch Witwe ist.

Im Jahr 2014 habe ich meinem Sohn Fred in der IHK zu Gera als Prüfer für die Sachkundeprüfung im Bewachungsgewerbe angemeldet und wurde angenommen. Da ich mehrere Fächer im Unterrichtungsverfahren in Gera gab, habe ich dann darum gebeten, dass er von mir das Strafverfahrensrecht und Strafprozessrecht übernehmen könnte. Auch das klappte dank der Leiterin für den Bereich Frau Sabine W. Ich unterrichtete dann weiter im Fach – Umgang mit dem Menschen, ein Teilgebiet der Psychologie, Dienstkunde und im Bürgerlichen Gesetzbuch (BGB). Hin und wieder gab ich auch mal Unterricht im Bereich Technik, hierzu gehörte auch der Bereich Brandvorbeugung und -bekämpfung und Aufgaben der Feuerwehr.

In Gera habe ich dann 14 Tage lang ein Klasse mit ehemaligen Russlanddeutschen unterrichtet. Diese waren schon über 10 Jahre in

Deutschland und waren alle deutsche Staatsbürger. Ich stellte gleich am ersten Tag fest, sie sprachen unter einander nur russisch und sehr schlecht Deutsch im Unterricht. Sie sollten durch diese Maßnahme für die Sachkundeprüfung vorbereitet werden und eine Tätigkeit im Bewachungsgewerbe aufnehmen.

Der Lehrgang wurde auch gleichzeitig als Grundlehrgang – Unterrichtungsverfahren nach der Bewachungsverordnung- gewertet. Ich habe mit ihnen die letzten 3 Tage ältere Prüfungsarbeiten als Test durchgeführt, diese hatten sie mit wenigen Fehlern auch bestanden. Ich hörte aus ihren Gesprächen, das sie nicht gewillt waren, in der Bewachung zu arbeiten. Das bestätigte sich auch bei der Prüfung in der IHK, die ich mit abnahm. Keiner bestand diese von den Männern. Bei den Frauen bestanden fast Alle.

Nach 2015 kamen zu den Unterrichtungsverfahren viele Afrikaner aus unterschiedlichen Ländern. Sie hatten alle einen Deutschlehrgang absolviert und sollten sich auf eine Tätigkeit im Bewachungsgewerbe vorbereiten. Sie sprachen auch einigermaßen gut Deutsch. Jedoch die Fachbegriffe in den Bereichen Strafrecht, bürgerlichen Recht, Umgang, Technik, Staatsrecht, Strafprozessrecht und Dienstkunde waren für die meisten böhmische Dörfer. So fiel auch der Prüfungstest aus am Ende der Lehrgänge. Mir taten diese Menschen leid und so half ich eben etwas mehr als erlaubt war. Als die Leiterin des Prüfungsbereiches im Urlaub war, hatten ihre Vertreter mir eine Falle gestellt. Sie schlossen mich dann von dieser Maßnahme aus. Nach Urlaubsende wurden diese Mitarbeiter von der Leiterin zur Verantwortung gezogen und sie hatte mich rehabilitiert. Doch nach 2018 wollte ich dann auch nicht mehr. Habe noch etwas in den Prüfungsausschüssen mitgearbeitet und zu Beginn des Jahres 2019 die ehrenamtliche Arbeit niedergelegt.

Im Jahr 2016 hatte ich Ärger mit der Bußgeldstelle in Artern. Man hatte meinen PKW Mercedes E Klasse mit überhöhter Geschwindigkeit geblitzt und weil ich ja schon mehrfach dabei erwischt worden war, bekam ich gleich einen Brief, ich sollte Stellung nehmen zum Vorwurf und man teilte mir mit, dass sofort eine Untersuchung eingeleitet wird. Ich war mir keiner Schuld bewusst, aber ich erkannte auf dem Bild, das mitgeschickt wurde, meinen Bruder Karl Heinz. Das teilte ich der Bußgeldstelle mit. Nach ca. 3 Wochen bekam ich erneut Post von der Bußgeldstelle, man teilte mir mit, dass man das geblitzte Foto in dem Bereich Passwesen mit meinem dort hinterlegten Bild überprüft habe, ich sei eindeutig der Verursacher und mir wurde sofort mitgeteilt, dass ich drei Punkte in Flensburg bekommen würde und müsste 450,00 Euro Bußgeld zahlen. Dagegen legte ich Widerspruch ein und blieb dabei, das der Fahrer auf diesem Foto mein Bruder Karl Heinz ist. Das wurde nicht geglaubt und ich wurde zur Polizei Inspektion nach Apolda vorgeladen. Ich wurde dort zu meinem Alibi vernommen als Zeuge. Ich konnte einwandfrei nachweisen, das ich nicht der Fahrer auf diesem Blitzfoto war. Nach weiteren 2 -3 Wochen bekam ich den Bescheid, es wurde die ausgesprochene Ahndung mit Punkten in Flensburg und das Bußgeld zurück genommen. Meinem Bruder konnte man nun auch nicht mehr zur Verantwortung ziehen, da die Ordnungsmaßnahme gegen mich schon ausgesprochen war. Einige Zeit später ist mir der Irrtum der Bußgeldstelle klar geworden. Mein Bruder besuchte mich in meinem Haus. Ich war gerade auf dem Weg wegzufahren, als er ins Haus kam. Wir unterhielten uns im Hausflur. Da kamen oben aus dem Betriebsbüro zwei Mitarbeiter herunter und kamen zu uns. Beide Mitarbeiter gaben meinem Bruder die Hand und sagten sinngemäß: „Guten Morgen Chef". Er reagierte und sagte sinngemäß, das bin ich nicht, er ist ihr Chef und zeigte auf mich. Sie waren richtig verdutzt, sie hatten sich geirrt. Wir sind uns wirklich sehr ähnlich. Er ist drei Jahre älter als ich.

Ich möchte noch etwas zu meinem Studium an der Humboldt Universität zu Berlin sagen. Wir wurden unterrichtet in folgenden Fächern: Forensische Psychologie, Kriminalistik, Strafrecht, bürgerliches Recht,

Staatsbürgerrecht, Strafprozessrecht, Dienstkunde, Marxismus/Leninismus, Kriminaltechnik, Russisch und Untersuchung unnatürlicher Todesfälle. Das Studium war ähnlich wie das zum Diplomjuristen. Nur wir wurden von der Polizei dorthin delegiert und sollten nach Vollendung des Studiums bei der Polizei bleiben. Deshalb wurde diese Form des Abschlusses gewählt, weil befürchtet wurde, dass wir unser Dienstverhältnis beenden und uns als Rechtsanwälte betätigen würden. Das galt für alle, die mit mir dort studierten. Wir wurden in der DDR auch keine Beamten, dann hätten wir das Recht gehabt, nach dem 8 Stundentag nach Hause zu gehen. In der DDR durfte es keine Beamten geben. Wir waren alles nur Angestellte oder auch Behördenangestellte. Es gab für uns keinen gesetzlichen Feierabend oder -tag, wir mussten an jedem Tag solange unseren Dienst verrichten, bis das Tages Pensum erfolgreich beendet wurde. Ich bin so manches Mal erst gegen Mitternacht nach Hause gekommen, vom Dienst – nicht aus der Kneipe. Andere Bereiche der Volkspolizei hatten da schon mehr Glück. Die Feuerwehr, die Verkehrspolizei (außer Unfallbereitschaft), der Stab, die Mitarbeiter der Telefonzentrale, der Bereich Pass – und Meldewesen, die Mitarbeiter des Bereiches Erlaubniswesen, der Stab und andere einzelne Bereiche hatten fast immer pünktlich Feuerabend. Allerdings versah die Schutz – und Verkehrspolizei Dienst im Schichtsystem.

18. Mitglied im BRH:

Ende 2013 begegnete mir ein alter Bekannter, Manfred Lüttig. Er war Lehrer und später im Bereich der Bildung beim Rat des Kreises in Apolda tätig, aber jetzt schon viele Jahre Rentner. Er erzählte von seiner Frau und von sich und das er im Ortsverband des Bundes der Hinterbliebenen und Rentner (BRH) in Apolda in der Leitung mitarbeite und hier Stellvertreter des Vorsitzenden und für den Bereich Kultur im erweiterten Sinne für Fahrten und Feiern zuständig sei. Ich wurde von ihm gefragt, ob ich nicht mal zu ihrer Versammlung kommen möchte, die wäre jeden zweiten Mittwoch im Monat. Noch in diesem Monat ging ich zu dieser Versammlung in den „Alma Liebscher Club“ in Apolda, Niederroßlaerstraße. Viele der Anwesenden erkannte ich und wurde auch herzlich begrüßt. Zu Beginn gab es Kaffee und Kuchen für alle, sie hatten einen Referenten eingeladen, der einen interessanten Vortrag hielt. Am gleichen Tag entschied ich mich , hier Mitglied zu werden. Ihr werdet es nicht glauben, noch im Februar 2014 wurde ich hier zum Vorsitzenden des Verbandes gewählt und ich nahm die Wahl an. Meine damalige Bekannte wurde dann auch Mitglied in diesem Verband. Der Mitgliedsbeitrag beträgt monatlich 4,50 Euro. Man kann auch durch einen Beitrag von 0,25 Euro eine Unfallversicherung abschließen. Es gibt zu jeder Zusammenkunft Kaffee und Kuchen, den Kuchen kauften wir damals noch beim Bäcker. Der Alma Liebscher Club war ein Privatgebäude und wurde dann verkauft und wir zogen in das Mehrgenerationshaus in der Pestalozzistraße in Apolda, wo wir immer noch sind und treffen uns hier in der ehemaligen Aula der Oberschule. Ab 2016 wurde Ingrid S. aus Flurstedt bei uns Mitglied durch unsere Schatzmeisterin Karin K.. Sie kannten sich aus der Parkinsongruppe, da ihre Ehemänner diese Krankheit hatten. Es stellte sich heraus, Ingrid S. ist eine hervorragende Kuchenbäckerin. Wir konnten sie überzeugen, für unsere Versammlungen jedes Mal drei Ofenbleche mit Kuchen zu backen, das reichte bisher für uns. Jedoch sprach es sich schnell herum ,das ihr Kuchen schmeckt und viele lassen auch für sich privat von ihr backen. (auch einige Dorfbewohner in Flurstedt). Somit bin ich jetzt ununterbrochen seit 2014 Vorsitzender des Ortsverbandes. Wir fahren jedes Jahr für 3 Tage irgendwo hin und unternehmen auch 2 – 3 Tagesfahrten mit einem Reiseunternehmer. Bisher am meisten mit dem Fuhr- und Taxiunternehmer Lawatsch aus Apolda.

Grundsätzlich feiern wir den Frauentag mit Kaffee, Kuchen und Unterhaltungsmusik, im Sommer ein Gartenfest mit Kaffee, Abendessen und Getränken aller Art und im Dezember immer eine Weihnachtsfeier.

Im Jahr 2018 hatten wir uns beim MDR Radio Thüringen beworben für den Bereich „Der Morgenhahn“. Hier hatten wir die Chance die ganze Woche über pro Tag (Montag bis Freitag) 100,00 Euro zu gewinnen. Es handelt sich um ein Frage- und Antwortspiel.

Wir haben nur die Freitagsfrage nicht rechtzeitig beantworten können. Unser Konkurrent an diesem Tag war schneller als wir. Wir bekamen als BRH auch die 400,00 Euro überwiesen, dazu eine Urkunde, die im Saal des Mehrgenerationshauses in Apolda, Pestalozzistraße ausgehängt ist. Dieses Geld konnten wir gut für die anstehenden Feiern gebrauchen.

Noch im Jahr 2017 feierten wir in Apolda in der Schötener – und Herressener Promenade und im Paulinenpark die Landesgartenschau. Ich war vorgeschlagen worden, zu diesem Anlass in der Herressener Promenade für meine Ehrenamtstätigkeit mit Urkunde, Mittagessen und Rundgang ausgezeichnet zu werden mit vielen anderen zusammen. Was dann auch geschah. Seit 2018 sind wir jedes Jahr im Januar auf Einladung des Robert Koch Krankenhauses in Apolda zu einem Arztvortrag eingeladen. Hier werden wir auch mit Kaffee und Kuchen bewirtet. Wegen der Corona – Pandemie fiel dies 2021 und 2022 aus, dafür hielt der Leiter Herr Koch bei uns im MGH 2023 einen Vortrag und überreichte uns noch eine kleine Spende.

Aufgrund des Zerwürfnisses einen Tag vor meinem 75. Geburtstag trennte ich mich von Frau Christa W. sie trat kurz danach aus unserem Verband aus. In unserem Verband haben wir eine Leitung, die im Großen und Ganzen gesehen seit vielen Jahren stabil arbeitet. Zu ihr gehört meine Stellvertreterin Frau Ingrid S., Frau Renate G., Frau Ruth R., Frau Karin K. und Frau Helga F. Wie sie erkennen können, gibt es bei uns außer meiner Person nur Frauen und erfüllen so auch den Wunsch unserer Regierung, es sollen mehr Frauen in die Leitungen kommen.

19. Ich war Koch, meine Lieblingsgerichte:

Das bin ich in meiner Küche

Rinderroulade mit Thüringer Klößen und Rotkohl
4 gleich große Rinderrouladen, quer zur Faser geschnitten, werden mit einem Fleischklopfer weich geklopft, mit Salz und Pfeffer bestreut und mit Senf bestrichen.

Eine große Zwiebel schälen und in Scheiben schneiden, 2 Gurkensticks aus dem Glas werden in schmale Streifen geschnitten, Speck oder Schinkenspeck in schmale Streifen schneiden. Je 1 Gurkenstreifen, 1 – 2 Speckstreifen und 2 Zwiebelstücke werden in die Roulade gelegt. Dann wird die Roulade von der Seite, wo diese Streifen liegen, zusammen gerollt.

Mit zwei Rouladennadeln oder je 2 Holzspießen oder mit weißem Zwirn werden diese Fleischrollen so befestigt oder umwickelt, das sie nicht auseinander fallen können.

Eine Bratpfanne, am besten mit hohen Rändern und (keine Pfanne aus Chromblech oder Edelstahl) auf die Herdplatte, hierein ca. 50 gr. Margarine zum Braten und etwa gutes Oel erhitzen. Ist das Fett heiß genug, legt man die Rouladen in das heiße Fett und lässt sie von allen Seiten schön braun werden. Dazu gibt man in den ersten Bratenfonds von den geschnittenen Zwiebeln, von den Gurken und dem Speck etwas mit in die Pfanne (kleingeschnitten). Natürlich müssen die Rouladen immer wieder gewendet werden. Den Fond lässt man richtig einkochen und füllt dann erstmal etwas Wasser, wenn es richtig brutzelt, in die Pfanne. Das macht man mindestens 3 – 4 Mal. Beim letzten Mal gibt man einen kleinen Klecks Senf in den Bratenfond. Die Rouladen müssen dann richtig dunkelbraun sein (nicht verbrannt oder angebrannt). Jetzt kann man Wasser auffüllen, bis die Rouladen bedeckt sind. Das lässt man alles ca. 45 min richtig kochen, der Bratenfond wird dann ebenfalls schön braun (nicht hellbraun). Kurz vor dem Essen kann man dann die Soße andicken, zuvor nimmt man die fertigen Rouladen aus der Pfanne. Vor dem Essen sollte man die Nadeln, den Faden oder die Spieße entfernen. Hier gibt es mehrere Möglichkeiten. Mit Mehl, Weizenin oder Kartoffelstärkemehl wird die Soße angedickt, nur kurz aufkochen lassen. Ich selbst nehme dazu nur Kartoffelstärke.

Für die Klöße benötigen wir 3 – 5 große Kartoffeln. Schälen, reiben, in der Presse oder in der Schleuder auspressen. 4 – 5 Kartoffeln schälen und mit Wasser und etwas Salz ansetzen und kochen lassen, bis die Kartoffeln von allein auseinander fallen. Mit einem Stampfer und etwa Wasser zu Brei verrühren – Die ausgepressten Kartoffeln in eine größere Schüssel, mit etwas kochenden Wasser übergießen und den Kartoffelbrei unterrühren. Alles mit etwas Salz abschmecken und zum Kloß formen. Diese in einen großen Topf mit kochenden Wasser geben, das Wasser darf danach nur noch kurz kochen und die Klöße solange garen lassen bis sie oben schwimmen. Nach ca. 8 - 10 min müssten sie gar sein. Man sollte eine Probe durchführen.

Für den Rotkohl einen kleinen Kopf Rotkraut. Diesen teilen, Strunk entfernen und in kleine Stückchen schneiden. Diese in einem Topf mit wenig Wasser geben. Dazu etwas Gänsefett oder Schweinefett (ausgelassen) dazu geben. Zwei oder 3 Nelkengewürzknospen, ein kleines Stück Lorbeerblatt, zwei kleine Apfelstücke sowie Salz, etwas Pfeffer dazu und zum Schluss eine Kartoffel rein reiben. So wird das Kraut sämig. Zum Schluss kann man es mit Zucker, Salz oder etwa Essig abschmecken.

Blechkartoffeln:

Dazu benötigt man ein Ofenblech, sauber. Darauf streicht man etwas dick Butter (besser ist Margarine zum Braten). Danach kommt Kümmel, Salz und Pfeffer darauf (genügend).

Man wäscht dann etwa 10 – 15 kleinere Kartoffeln und schrubbt diese mit einer Bürste nach (nicht schälen). Die Kartoffeln werden geteilt in zwei Hälften und mit der Schnittfläche auf dem Blech verteilt und lässt kleine Zwischenräume.

Man kauft am besten fertiges Gehacktes (Mett) gewürzt und mit Knoblauch (wer kein Knoblauch verträgt, nimmt Mett ohne Knoblauch, aber Kümmel sollte daran sein). Dieses Mett (Gehacktes) verteilt man dann lose zwischen die Kartoffeln. Auf die Kartoffeln gibt man dann einen Klecks Butter. Leicht eventuell nochmal Salz, Pfeffer und Kümmel dazwischen streuen.

Den Ofen auf mindestens 180 Grad erwärmen. Wenn die Gradzahl annähernd erreicht wurde, das Blech in die Mitte der Backröhre schieben und mindestens 30 – 45 min backen. Es kann möglich sein, das man noch Fett dazu geben muss. So heiß wie es aus dem Ofen kommt, auf flache Teller verteilen und Essen. Man kann die Kartoffeln auch in den zerlassenen Fett zerdrücken.

Goulasch:

Dazu benötigt man für 2 – 4 Personen:

250 gr. Schwein - und 250 gr. Rindfleisch.(Am besten ohne Sehnen und gegen die Fasern geschnitten).

Diese in ca. 2 cm große Würfel zerschneiden.

Eine Bratpfanne mit hohem Rand mit Fett auf den Herd setzen. Das Fett muss erhitzt sein, bevor man das gemischte Schweine-Rindfleisch in die Pfanne gibt. Das wird mit etwas Salz, Kümmel und Pfeffer, Paprika gewürzt (ich nehme Rosenpaprika nach Geschmack). Die gleiche Menge wie das Fleisch werden vorher Zwiebeln zerschnitten (dünne Scheiben) und in die Pfanne gegeben und mit dem Fleisch zusammen angebraten. Ist das Fleisch sehr wässrig, sollte man den Sud abschütten (nicht wegschütten) und kann ihn später wieder zugeben. Sobald sich das Fleisch und die Zwiebeln braun färben und der Sud eingebrutzelt (eingekocht) ist , sollte man das erste Mal Wasser aufschütten. Diesen Vorgang kann man bis zu 5 Mal wiederholen. Zuletzt den abgeschütteten Sud dazu und Wasser auffüllen, bis das Fleisch bedeckt ist, die Farbe der angehenden Soße sollte schön braun sein. Den Topf abdecken und so lange kochen lassen bis das Fleisch weich ist (eventuell nochmal Wasser zugeben, wenn zu stark eingekocht). Kurz vor dem servieren dann die Soße andicken. Ich würde wieder Kartoffelstärke nehmen (hat weniger Kalorien als Mehl).

Dazu gibt es Salzkartoffeln und man kann verschiedene Beilagen (Gemüse) dazu geben.

Petersiliensoße und Wickelklöße: (für 3 – 4 Personen)

Man kaufe 1 Beinscheibe vom Rind (ca. 400 - 500 gr.) , diese koche man im Wasser mit 1 Lorbeerblatt, 2 Pimentkörner, Salz und etwas Pfeffer, bis das Fleisch vom Knochen sich löst. Das Fleisch in kleine Stücke teilen. Gefrorene Petersilie etwa 5 – 6 Päckchen (300 – 350 gr.) in die Brühe mit dem zerkleinerten Fleisch geben und aufkochen lassen.

Einen festen Nudelteig aus 500 gr. Mehl, 2 Eier, etwas Salz und Wasser nach Bedarf und etwas Backpulver. Der Teig muss richtig fest bleiben, gut durchgeknetet, wird er gerollt, plattgedrückt und mit einem Nudelholz zu einer dünnen Platte ausgerollt. (Sollte mindestens 50 x 30 cm groß sein), es sollten 2 Teigplatten werden.

In einer Bratpfanne mit Fett, etwa 500 gr. Semmelbrösel bräunen lassen (knusprig).

Die Teigplatten mit ausgelassener Butter bestreichen, darauf die gebräunten Semmelbrösel verteilen und leicht andrücken. Dann von der längeren Seite der Teigplatte diese einrollen. Die Rolle sollte nicht stärker als 2,5 – 3 cm sein und der Rand sollte gut mit der Rolle fest zusammen gedrückt sein. Diese schneidet man in 3 – 4 cm lange Stücke. (Im REWE – Markt in Apolda gibt es fertige Wickelklöße von einem Hersteller aus Eckolstädt, die kommen den selbstgemachten am nächsten). In einem Topf Wasser erhitzen, zum Kochen bringen, etwas Salz dazu und die Teigstücke in das sprudelnde Wasser geben. Danach sollte das Wasser nicht mehr kochen, aber etwa bei 90 Grad ca. 15 – 20 min die Klöße ziehen lassen.(bei Bedarf etwas länger)

Die Reste der Semmelbrösel mit in die Petersiliensoße geben und noch einmal kurz aufkochen lassen und abschmecken mit Salz und etwas Pfeffer..

Die gegarten Wickelklöße auf einen tiefen Teller geben und die Soße darüber. Guten Appetit.

Anstatt der gefrorenen Petersilie kann man getrocknete und gerebelte Petersilie verwenden. Diese sollte man jedoch in warmen Wasser vorher einweichen und mit diesem Wasser dann das Fleisch ansetzen.

Bauernfrühstück: (für 1 Person)

Dazu ist vorzubereiten:

3 Kartoffeln (mittelgroß) mit Schale kochen. Danach schälen und in kleine Stücke zerschneiden (nicht würfeln). 1 kleine Zwiebel schälen, teilen und halbe dünne Scheiben schneiden. 4 Eier in eine große Tasse schlagen, Salz und Pfeffer daran und mit einer Gabel verrühren. Schinkenspeck klein würfeln und etwas Margarine zum Braten bereitlegen.

Eine große Bratpfanne , 30 cm Durchmesser auf die Herdplatte, etwas Margarine und Schinkenwürfel rein geben und leicht mit den Zwiebeln anbräunen. Die geschnittenen Kartoffeln darüber, mit Salz, Pfeffer und Kümmel würzen und alles mit einem Rührlöffel verrühren. Bis zum anbräunen der Kartoffeln immer wieder mal rühren. Wenn die Kartoffeln schön angebräunt sind die Eier aus der Tasse über die Kartoffeln (gesamte Pfanne) schütten. Mit einer Gabel kurz in die Masse einstechen und leicht hin und her schieben, damit die Eier auch genug Wärme bekommen und gerinnen.

Nachdem einen großen flachen Teller nehmen. Die Masse in der Pfanne lockern und die Hälfte des Bauernfrühstücks auf den Teller schieben und danach sofort die andere Hälfte darüber kippen. Falls noch etwas an Gewürzen fehlt, nachwürzen. Lassen sie es sich schmecken. Dazu kann man Gurkensticks, Tomaten- oder Gurkensalat reichen.

Rühr -oder Spiegelei mit Spargel und Salzkartoffeln:

(für 4 Personen)

10 mittlere Kartoffeln schälen und mit etwas Salz kochen, abgießen und warm halten (bei leicht geöffneten Deckel).

Frischen Spargel mit Spargelschäler schälen, holzige Teile entfernen. Lange Spargelstangen in einem Spargelkochtopf kochen lassen mit etwas Salz. Man kann den Spargel auch in 3 – 4 cm lange Stücke schneiden und in einem normalen Kochtopf mit etwas Salz kochen.

In einer Bratpfanne Butter erhitzen und Semmelkrumen bräunen mit wenig Salz.

In einer weiteren Bratpfanne Butter erhitzen und pro Person 2 – 3 Eier einschlagen und mit etwas Salz und Pfeffer würzen. Sollen es Rühreier werden, werden pro Person 2 Eier in eine Schüssel geschlagen und etwas Milch untergerührt, mit Salz und Pfeffer würzen. Diese verrührten Eier in eine Pfanne schütten, die mit Butter erhitzt ist. Diese Masse muss öfter mit einem Holzlöffel gerührt werden, bis die Eier schön geronnen sind (nach Wunsch).

Salzkartoffeln und Spargel auf einen flachen Teller geben. Auf den Spargel die zerlassene Butter mit den Semmelkrumen über den Spargel und die Eier gibt man auf die Kartoffeln.

Wer lieber etwas Soße benötigt, kann auch zusätzlich oder anstatt der Butter mit Semmelkrume eine weiße Soße zubereiten. Einfach etwas Spargelwasser mit Mehl, Weizenin, Maizena oder Kartoffelstärke andicken und abschmecken.

Birnen, Heidelbeeren oder Äpfel mit Kloß:

Mit allen diesen Früchten kann man für sich drei verschiedene Gerichte auf die gleiche Art zubereiten. Man kann dazu frische Früchte oder auch bereits Eingekochte verwenden. Bei frischen Früchten muss man in jedem Fall diese gründlich waschen und teilen. Das ist natürlich nur bei Birnen und Äpfeln notwendig. In jedem Fall werden die Früchte mit etwas Wasser gekocht, danach mit etwas Zucker nachgesüßt und eine kleine Brise Salz dazu getan. Das Ganze mit Sahnepuddingpulver angedickt.

Zu den Teig für die Hefeklöße nimmt man 500 gr. Mehl, 10 gr. Hefe, etwas warme Milch und etwas Butter. Das wird alles verrührt. Formt dann die Klöße und lässt sie ca. 10 min gehen. Im kochenden Wasser werden sie dann gegart.

Die gegarten Hefeklöße kommen pro Portion auf einen tiefen Teller, werden mit 2 Gabeln auseinander gerissen und darüber kommt die Fruchtmasse.

Im Einzelhandel gibt es Hefeklöße zu kaufen, diese sollten auch im Wasser aufbereitet werden. Manche erwärmen sie mit wenig Wasser in der Microwelle, dann wird die äußere Schicht der Klöße zu fest und lassen sich nicht so gut auseinander reisen.

Schweinebraten mit Sauerkraut und Semmelklößen:

Man nimmt ein gutes Stück Schweinefleisch von der Keule, achtet darauf, dass es nicht zu wässrig ist. Es wird mit Salz eingerieben und mit Pfeffer bestreut. In einer mit Margarine zum Braten erhitzten Pfanne mit hohen Seiten getan und wird es von allen Seiten angebraten. Es sollte dabei schön braun werden. Ist das Fleisch stark wässrig, sollte der ausgetretene Fond abgegossen werden, dann wird das Fleisch schneller braun. In die Pfanne sollte dabei ein paar Scheiben Zwiebel mit dazu gegeben werden, die man später wieder rausnehmen kann. Hat das Fleisch einen guten Bräunungsgrad erreicht, man sollte auch hier 2 – 3 Mal den Bratensud eindampfen lassen, umso besser wird dann die Soße schmecken. Das Fleisch wird letztendlich mit Wasser übergossen, bis es leicht bedeckt ist und man kann dann noch ein paar Kümmelkörner dazu geben und Deckel drauf. Das kann man in der Backofenröhre vor sich hin köcheln lassen, bis es weich ist. Zum Schluss wird die Soße mit Kartoffelstärke angedickt und nochmal abgeschmeckt es sollte nur kurz aufkochen. Diese Soße wird in jedem Fall nach Schweinebratensoße schmecken. Ich nehme grundsätzlich vor dem Essen die Zwiebeln aus der Soße.

Für die Semmelklöße nimmt man 500 gr. Mehl, 1 – ½ Backpulver, 1 Ei, etwas warme Milch und auch Wasser, dazu 150 gr. Butter und 2 harte kleine Brötchen, die man in kleine Würfel teilt. Das alles verrührt man mit etwas Salz und formt die Klöße. (damit der Teig nicht an den Händen klebt, kann man die Hände nass machen oder Mehl dazu benutzen). Die Klöße werden dann im Wasser mit etwas Salz gegart.

Sauerkraut kann man im Handel in Gläsern erwerben. Es ist oft unterschiedlich abgeschmeckt. Ich selbst habe stets das Sauerkraut mit Wasser ausgewaschen und dann neu angesetzt mit ein paar kleinen Scheiben Zwiebel, mit einem halben Lorbeerblatt, mit etwas Salz und Zucker und nach meinem Geschmack mit etwas Essig (keinen Weinessig). Dann habe ich es köcheln lassen und mit einer Kartoffel, die ich gerieben habe, leicht angedickt.

Zum Schluss habe ich den Geschmack immer etwas ausgelassenen Speck und etwas Schinken verfeinert.

Grünkohl mit Knackwurst und Salzkartoffeln:

Das sollte man im Winterhalbjahr essen.

Grünkohl baut man Ende des Frühjahrs im Garten an. Pflanzen gibt es in den Gärtnereien zu kaufen. Ernten kann man ihn nach den ersten Nachtfrösten. Die Blätter werden vom Stängel abgetrennt, gewaschen etwas aus einander gepflückt und im Wasser gekocht. Dazu gibt man hart geräucherte Knackwurst in Scheiben mit in den Topf und kann noch etwas Schmalz dran geben. Auch hier nach Geschmack mit Salz und Pfeffer abschmecken (Vorsicht, die Wurst kann bereits genügend gesalzen sein). Anstelle der Knackwurst, andere sagen Mettwurst dazu, kann man auch Kassler Kamm nehmen. Wenn Knochen dabei sind, sollte man diese vor dem Verzehr entnehmen. Bevor man das Gemüse serviert, kann man es mit Kartoffelmehl etwas andicken.

Grünkohl gibt es im Handel in Gläsern aber auch als Fertiggericht in Beuteln oder kleinen Kartons.

Dazu reicht man Salzkartoffeln nach üblicher Art.

Kartoffelbrei mit bayerisch Kraut und Hackbraten (Bratklops oder Boulette):

Man schäle ca. 6 mitteilgroße Kartoffeln, zerschneide sie in 3 Teile und lege sie mit etwas Salz in einen Topf mit Wasser. Das lässt man solange kochen, bis die Kartoffelstücke schön aufplatzen oder auseinander fallen. Das Wasser wird abgegossen, bis nichts mehr davon im Topf ist. Mit einem Kartoffelstampfer werden die Kartoffeln zerdrückt. Ein halber Liter Milch wird erhitzt und über den Kartoffelstampf gegossen und mit dem Stampfer wird weiter verrührt. Dazu gibt man ein viertel Stück Butter und frisch geriebenen Muskat (etwa die Nuss auf einer Muskatreibe 4 – 5 Mal reiben) und etwas Salz und

Pfeffer. Das rührt man mit dem Stampfer solange, bis es ein schöner dicker sämiger Brei ist.

Ca. 750 gr. fertig gewürztes Gehacktes (Mett) wird beim Fleischer gekauft. Das in eine größere Schüssel legen. Etwa 2 kleine Brötchen werden im heißen Wasser aufgeweicht und dann ausgepresst (mit der Hand ausgedrückt, etwas Wasser darf noch dabei sein). Darüber werden 2 Eier aufgeschlagen, mit etwas Kümmel und Pfeffer (ev. auch Salz) abgeschmeckt. In einer Bratpfanne wird Oel, Fett oder Margarine zerlassen und die Hackfleischmasse mit der Hand zu einem Kloß geformt, breitgedrückt und in der Bratpfanne von beiden Seiten gebraten. Man kann etwas mehr Fett beim Braten gewinnen, wenn man noch während des Garens noch etwas Fett hinzugibt. Dieses Fett kann man über das Gemüse oder über den Kartoffelbrei geben.

Für das bayerische Kraut nehme ich einen kleinen Weißkohlkopf. Wir sagen dazu auch nur Weißkraut. Der wird zerteilt, der Strunk entfernt und das Kraut klein geschnitten. Ich nehme eine Bratpfanne mit etwas Butter oder Fett, da hinein kommt das kleingeschnittene Kraut. Das wird jetzt in der Pfanne leicht angebraten bis zur goldgelben Färbung. Mit etwas Wasser aufgefüllt. Dazu kommt etwas Zucker, eine Brise Salz, ausgelassener Speck oder Schinkenspeck, und wird gekocht. Zum Schluss wird alles nochmal probiert ob es mundet. Nach Bedarf nachzuckern, ev. etwas Essig, mit einer geriebenen Kartoffel andicken.

Jägerschnitzel mit Kartoffelbrei:

Man kauft beim Fleischer ein Stück von einer dicken Jagdwurst. Diese wird in etwa 1,5 cm dicke Scheiben geschnitten, die anschließend in Mehl gewälzt, durch ein aufgeschlagenes und mit Salz und Pfeffer gewürztes und verrührtes Ei gezogen und zum Schluss in Semmelkrume wälzen. In einer Pfanne mit etwas Fett werden diese Jägerschnitzel gebraten (Fett sollte schön heiß sein). Man kann etwas Fett nachgeben in die Pfanne. Bitte die Bouletten nicht schwarz werden lassen. Wenn man diese panierten Wurstscheiben aus dem Fett nimmt, kann man etwas heißes Wasser (Vorsicht, kaltes Wasser kann spritzen und sogar Feuer auslösen) ins Fett geben und aufkochen lassen. Hier kann man ein wenig Soße bekommen, sie muss nur angedickt und abgeschmeckt werden. Fertig ist das Essen.

Kartoffelbrei wie oben beschrieben.

In den alten Bundesländern habe ich erfahren, dass unter Jägerschnitzel ein richtiges Schnitzel gemeint ist.

Selbstgemachte Wurstsuppe:

Natürlich kann man bei einem Fleischer fertige Wurstsuppe kaufen, die man dann weiter verarbeiten kann.

Wenn ich Appetit auf eine solche Wurstsuppe habe und diese gekaufte nicht vorrätig ist, verfahre ich wie nachfolgend:

Für 3 – 4 Personen:

1,5 – 2 Liter Wasser in einen entsprechenden Topf. Dazu gebe ich: 250 gr. Hausmacherleberwurst, 200 gr. einfache gekochte Blutwurst und 200 gr. Schwarten – oder Sülzwurst (in Stückchen). Das ansetzen zum Kochen mit etwas Salz, ein wenig Pfeffer und Majoran. Bis alles schön zerkocht ist. Jetzt erst richtig abschmecken, ev. nachsalzen und etwas Pfeffer und Majoran daran geben. Man kann dazu Fadennudeln (pro Person 2 mal was zwischen 5 Fingerspitzen passt.) geben. Ich esse dazu gern kleine Kartoffelklößchen. Werden zubereitet wie Thüringer oder grüne Kloßmasse. Es werden daraus ca. 1,5 cm runde Klößchen geformt ohne Semmelstücke und in die Wurstsuppe getan. Aufkochen lassen, bis die Klößchen oben schwimmen, noch ein wenig ziehen lassen. Jetzt nochmal frischen Majoran zugeben und mit Salz und etwas Pfeffer abschmecken. Sollte die Suppe nicht fetthaltig genug sein, kann man Schweineschmalz zugeben.

Eintöpfe:

Für Erbsen–, Bohnen– und Linseneintopf gibt es den gleichen Ansatz.

Alle diese Hülsenfrüchte müssen vor dem Ansetzen eingeweicht werden. (Das heißt, sie müssen weich werden). Man kann dem Ansatz etwas Natron zugeben, dann geht dies schneller.

Wir benötigen pro Eintopf ca. 2 Liter Wasser (es kann das Wasser vom Einweichen mit genutzt werden). Es werden 4 mittelgroße Kartoffeln geschält in kleine Würfel geschnitten und mit dem eingeweichten Gut dem Wasser zugegeben bei allen diesen Eintöpfen. Man sollte ihnen auch 1 – 2 Möhren, kleingeschnitten zugeben. Alles gut aufkochen mit Salz und Pfeffer würzen.

Zum Erbseneintopf etwas geräucherten Schweinebauch (etwa 360 gr.) zugeben, und Majoran. Den gegarten Schweinebauch in kleine Stücke teilen und wieder zugeben. Etwas Schinkenspeck auslassen und nach dem Kochen (Der Eintopf müsste sämig geworden sein) abschmecken mit Majoran, ein wenig Thymian, Salz, Pfeffer und dem ausgelassenen Speck.

Zum Bohneneintopf (gelbe Bohnen) kann man etwas Lammfleisch (ca.300 gr.) mit zum Kochen geben, es dann kleinschneiden. Man kann den Bohneneintopf mit etwas wenig Thymian würzen und Bohnenkraut, gerebelt. Wenn alles zerkocht und sämig ist, nochmal abschmecken mit Salz, Pfeffer und Bohnenkraut. Manche essen diesen Eintopf gern mit einen kleinen Schuss Essig und auch etwas ausgelassenen Schinkenspeck.

Zum Linseneintopf kann man etwas Schweinefleisch (ca250 gr.) zugeben und mit etwas Thymian (ein wenig) würzen. Wenn Linsen, Kartoffeln und Möhren zerkocht sind, ca. 300 gr. einfache Blutwurst in Stücken zugeben. Das abschmecken und nochmal richtig aufkochen lassen. Man nehme dann Backpflaumen und weiche diese in heißen (kochenden) Wasser auf. Wenn der Eintopf dann auf dem Teller ist, kann man die weichen Backpflaumen mit etwas von dem Wasser zugeben und sollte mit Essig (1Eßlöffel) nachwürzen. Auch hier kann man mit etwas ausgelassenen Schinkenspeck die Suppe verfeinern.

Eisbein mit Sauerkraut und Kartoffeln:

Man nehme ein frisches Dickbeinstück beim Fleischer. Kocht es im Schnellkochtopf (auch anderer Topf geht).In das Wasser und zum Fleisch gibt man ein Lorbeerblatt, 2 Pimentkörner, eine kleine Zwiebel und Salz. Das lässt man im Schnellkochtopf ca. 30 – 40 min kochen. (im normalen Topf kann das über 1 Stunde dauern).Das Fleisch vom Dickbein muss so weich sein, dass es sich allein vom Knochen ablösen lässt. Man setzt zur selben Zeit auch das Sauerkraut an.(Siehe weiter oben-Sauerkraut). Pro Person werden 2 mittlere Kartoffeln geschält, geteilt und gegart. Das Fleisch wird abgeschmeckt in der Brühe mit Salz und wenig Pfeffer. Danach zerteilt in Portionen. Die Brühe kann mit Kartoffelstärke, Maizena oder mit einer rohen zerriebenen Kartoffel angedickt werden. Das Kraut schmecke ich mit etwas zerlassenen und gesalzenen Speck und eventuell mit etwas Zucker und Essig ab. Zum Eisbein auf dem Teller wird Senf und Sahnemeerettich gereicht.

Schweineleber mit Zwiebel und Kartoffelbrei:

Man nehme eine Schweineleber und häute sie. Dann schneidet man Scheiben. Auf den Herd setzt man eine Bratpfanne mit Margarine zum Braten oder Oel. (keine Butter, -verbrennt) Die Leber leicht mit Pfeffer würzen, kein Salz (wird davon beim Braten zu trocken).Dann kurz in Mehl drehen und in das heiße Fett legen. Von beiden Seiten schön braten. In der Zeit muss auch der Kartoffelbrei (siehe oben) zubereitet werden. In einem kleinen Tiegel eine Zwiebel halbiert und in dünne Scheiben geteilt, im Fett rösten. Vor dem Servieren kann man die Leberscheiben etwas salzen und nachpfeffern. Auf den Kartoffelbrei gibt man das Bratenfett und auf die Leber die geröstete Zwiebel. Man kann auch aus dem Bratenfett eine kleine Soße ziehen, mit heißem Wasser aufkochen und andicken, danach abschmecken.

20. Meine Auffassung vom Kochen und Braten:

Ich bin grundsätzlich ein Gegner von den vielen Kräutern, neuartigen Gewürzen und den Kochkünsten mancher Sterneköche, zu mindestens gegen vieles was im Fernsehen gezeigt wird. Bei mir gibt es diese Gewürze in meiner Küche: Salz, Pfeffer, Majoran, Bohnenkraut, Thymian, Piment, Lorbeerblatt, Muskatnuss, Zimt und Paprika (Rosen- und scharfer Paprika),. Bei mir finden sich auch Zwiebeln, Meerettich, Petersilie, (grün und getrocknet) und etwas Chilypulver. Man behauptet, dass Raucher und Trinker nicht mehr genügend Geschmackszellen besitzen würden, sie können alles Essen, ohne den Geschmack der Speise zu erkennen. Ihnen kann man alles geben, versalzenes, wo zuviel Pfeffer dabei ist, wo mit Chili gewürzt wurde. Sie Essen auch gern Schokolade mit Chili. Es mag übertrieben klingen, ich habe das alles schon gehört und gesehen. Zumindest Nuancen erkennen solche Personen beim Essen nicht mehr.

Meine Annahme ist, es gibt viele Menschen, die vermutlich keinen Geschmack haben. Sehen sie, wenn ich eine Thüringer Rostbratwurst Essen möchte, dann gibt es keinen Senf dazu, ich möchte schmecken, wie gut diese Wurst mir mundet. So handhabe ich es mit vielen anderen Speisen. Eine Speise hat nach dem zu schmecken, was es auch sein soll. Das bedeutet für mich, Goulasch muss nach Goulasch, Schweinebratensoße nach dem Schweinebraten schmecken u. s. w. Wenn ich heute erlebe, was uns alles vorgesetzt wird in manchen Hotels, dann möchte ich dieses Essen nicht mal meinem Hund anbieten, der frisst nur einwandfreie Sachen. Es nützt doch nichts, wenn man das feinste Fleisch vorgesetzt bekommt, wo die Soße und das Fleisch nach nichts schmeckt.

Es mutet mir immer seltsam an, wenn in bestimmten Gasthäusern man zum Mittag oder Abendessen nur nach mindestens 14tägiger Anmeldung einen Platz bekommt. Warum schmeckt es den Leuten hier: es wird noch gekocht, wie es die Mutter tat und wie die Leute es kennen. Hier in unserem Kreis möchte ich vor allem die Gaststätte „Poche“ nennen und den Gasthof „Drei Linden“. Aber auch in Bad Sulza schmeckt das Essen gut im „Bürgerhaus“ , im „Schwanenteich“ und in „Stadt Bad Sulza“.

21. Meine größte Freude:

Meine Enkelin kam mit ihrem Partner zu Weihnachten zu ihren Eltern nach Hause. Meine Partnerin und ich wurden zum Mittagessen nach Jena in die „Papiermühle“ eingeladen. Ich habe freiwillig die Kosten zu Ehren aller Anwesenden übernommen. Ich war dort zum ersten Mal und habe gestaunt, dass trotz der Größe der Gaststätte drin alles sehr gut ausschaut und das Essen ganz wunderbar gemundet hat. Nach diesem Essen waren wir dann bei meinen Kindern zu Kaffee und Kuchen eingeladen. Hier eröffnete uns die Enkelin Christin und ihr Freund Paul, dass ich im April 2024 Uropa werde und das es ein Junge werden wird. Das stand da schon fest. Ich bin überglücklich und warte ganz gespannt auf diesen neuen Titel – Uropa -.

22. Noch etwa zu meinen Geschwistern:

Meine noch lebenden Geschwister zu meinem 80. Geburtstag, von links, Reinhard, Willi, Karl-Heinz, Herbert

Mein ältester Bruder Willi hat am 23. Dezember 2023 seinen 95. Geburtstag gefeiert. Leider ist er seit mehrere Jahren an grünen Star erkrankt und diese Krankheit führt immer mehr in die vollständige Blindheit, trotz Medikamenten, er kann nur noch schwarz und weiß, oder hell und dunkel auseinander halten. Das führt bei seinem Alter auch zu anderen Komplikationen. Er steht jeden Morgen auf, kann sich anziehen, kennt sich in seiner Wohnung gut aus und geht seiner Frau Erna zur Hand. Sie wurde am 19. Februar ebenfalls 95 Jahre alt und kann ihren Haushalt noch selbstständig führen. Einkäufe erledigen ihre beiden Söhne Uwe (er ist auch schon Rentner) und Andreas. Sie lösen sich auch bei den Fahrten zum Arzt ab. Willi und Erna sind 6 Mal Großeltern und mehrere Male Urgroßeltern.

Der Bruder Herbert wird am 28. April 2024 / 88. Jahre alt und wohnt mit seiner Lebensgefährtin Hannelore in seiner Wohnung in Bad Blankenburg. Bis zum Sommer 2023 fuhr er noch selbst kleinere Fahrten in die Umgebung. Jetzt fährt er mit dem PKW nur noch in die Stadt zum Einkaufen. Er hat 3 Kinder, der große Klaus Dieter lebt in Königsee, der zweite Hans Joachim auch in der Nähe von Königsee und die Tochter Simone in Coburg mit ihrem Partner.

Klaus Dieter ist Rentner, verheiratet und hat 4 Töchter und einen Sohn aus erster Ehe. Es sind auch mehrere Urenkel vorhanden.

Karl Heinz, mein drei Jahre älterer Bruder, wird am 13. Juli 2024 - 84 Jahre alt. Er wohnt mit seiner Ehefrau in ihrem Haus in Schweina bei Bad Liebenstein. Er fährt noch selbst PKW und auch weitere Strecken, bisher immer Unfallfrei.

Alle drei Geschwister waren am 01. Juli 2023 zu meiner 80jährigen Geburtstagsfeier mit ihren Frauen anwesend. Das war eine Freude, zumal die beiden Töchter meiner Schwester Elisabeth mit ihren Partnern auch da waren.

23. Meine Lebensgefährtin und Partnerin Ingrid:

Meine Partnerin Ingrid und ich nach einer Karpaltunnel OP

Sie war am 20.01.2024 - 80 Jahre alt geworden. Diesen Ehrentag feierten wir einige Tage später ebenfalls im Landgasthof „Drei Linden“ in Schwabsdorf im Kreis Ihrer Kinder und ihren Verwandten und Bekannten. Ihre Schul – und Jugendfreundinnen Roswitha, Helga und Christel waren auch dabei und mein Bruder Karl Heinz, mein Sohn Fred mit Ehefrauen und meine Schwägerin Erna mit ihrem Sohn Uwe. Der Wirt Silvio spielte auf seinem Keyboard und sang dazu. Es war ein gemütlicher Nachmittag und die Gäste lobten den Ablauf der Feier. Ihre Enkelin Lea V. brachte ein Glas mit der Aufschrift “Meine Wünsche“ auf den Tisch und legte Papier und Stifte dazu bereit. Ich war natürlich der Erste und glaubte, ich sollte meine Wünsche zu Papier bringen und schrieb auf den Zettel: „Liebe Ingrid, ich wünsche mir von dir, jetzt bist du ganz Perplex, zweimal in der Woche ----Nudelsuppe“. Natürlich wurde ich ausgelacht, wir sollten die Wünsche für sie aufschreiben und in das Glas legen .ohne Unterschriften. Ihre Töchter Bianca, die ältere und Jana waren mit ihren Ehepartnern dabei. Volker ihr Schwiegersohn hat mit einer Kamera Bildaufnahmen getätigt und diese dann über einen Beamer uns vorgeführt. Ihre Enkelin Lea hat ihr mehrere kleine Gesundheitsmittel mit einem Gedicht überreicht. Ich habe meiner Partnerin angesehen, sie war mehr als zufrieden mit der Feier und bedankte sich auch herzlichst bei den Wirtsleuten Manuela und Silvio Zeitze.

Meine Partnerin fährt privat einen Opel „Meriva“, mit dem sie auch ständig unterwegs ist. Montags hat sie Yoga in Apolda und jeden Mittwoch besucht sie einen Englischkurs. Zum Einkauf fährt sie nach Apolda ins „Kaufland“ oder zum „Globus-Markt“ nach Jena-Isserstedt.

Ihre Enkelin Franziska ist mit einem amerikanischen Staatsbürger verheiratet und wohnt im Bundesstaat Alabama. Sie haben 2 Kinder – die Abby und den Lennox.

Ingrid selbst lernt Englisch, in der Hoffnung wieder mal nach Amerika zu ihren Enkel und Urenkeln fliegen zu können oder rechnet damit, dass die Vier zu Besuch nach Deutschland kommen.

Ich bin sehr oft in Flurstedt, jetzt eingemeindet nach Bad Sulza. Es ist ein kleiner Ort, die Einwohner kennen sich untereinander und sind freundlich und nett. Im Ort gibt es eine Verkaufsstelle, „Lippachs Hofladen“, hier kann man alles einkaufen, was dringend benötigt wird. Der Bäcker kommt 3 Mal die Woche und bietet nicht nur Brot und Brötchen, sondern auch verschiedene Kuchen und Gebäcke an. Der Bürgermeister der Einheitsgemeinde Bad Sulza Herr Anton Sch., ist in jedem Jahr mindestens einmal in den einzelnen Ortschaften und auch in Flurstedt. Hier kümmert er sich auch persönlich um die Probleme der Einwohner. Im vorigen Jahr bekam die Dorfjugend 2 Container zur Nutzung als Jugendclub mit Toiletten-, Strom- und Wasseranschluss. Um die älteren Bürger kümmert sich die Bürgermeisterin des Ortes Frau Melanie R zusammen mit ihrer Mutter Marlies H. rührend. Jeden 2. Monat findet ein Seniorennachmittag mit Kaffee und Kuchen und Abendbrot und mit verschiedenen Getränken statt. Hier hilft meine Partnerin auch aus, z. B.: mit Kuchen backen.

Sie hat gegen über ihrem Wohnhaus einen ca. 400 qm großen Garten. Der bis 2022 noch ein Kleingarten und Eigentum der Stadt Bad Sulza war, diesen konnte sie 2023 käuflich erwerben. Bei der Arbeit darin helfe ich ,wo ich nur kann. Wir haben auch ein Hochbeet aufgebaut und bauen Erdbeeren, Salat, Stangenbohnen und Buschbohnen an und haben verschiedene Blumen darin, auch mehrere Rosen (Busch – und Stammrosen). Ein großer Birnenbaum und 2 Apfelbäume stehen darin sowie mehrere Sauerkirsch - Bäumchen.

Neben dem Wohnhaus steht noch eine Scheune, hier hat sie den Hühnerstall und hält 4 Hühner. Sie legen jeden Tag mindestens 3 Eier. Neben dem Stall hat sie einen abgeteilten Hof für den Freilauf der Hühner, die abwechselnd in beiden Hofteilen auch frisches Grün finden. Für den Schatten haben wir auch gesorgt, im hinteren Teil pflanzten wir einen Walnussbaum und im vorderen Teil einen Apfelbaum.

Hinter dem Haus fließt der Utenbach, der in den 50ziger Jahren ganz gewaltig über seine Ufer trat und eine riesige Überschwemmung und Schäden angerichtet hatte. Man hat danach das Bachbett verbreitert und unter der Hauptstraße, die Verbindung zwischen Bad Sulza-Apolda und Wickerstedt die Brücke verbreitert und erneuert. Sie wird seit ½ Jahr saniert und der Bau soll noch bis Mitte Juni 2024 gehen. Ob das klappt? Das verbreiterte Bachbett ist mit Gras und Bäumen bewachsen und das Gras wird zwei Mal im Jahr durch eine Firma gemäht. Mittlerweile sind 2 Weiden darin groß geworden.

Nun komme ich zum Schluss meiner Aufzeichnung und denke, dass ich irgendwann für unsere Freunde, Bekannten und Verwandten noch

Informationen geben kann, falls Fragen dazu auftauchen. Ich wünsche allen meinen Lesern viel Gesundheit und ein langes Leben. Denken Sie daran, unser Staat braucht gesunde Menschen und vor allem gesunde Rentner und fröhliche und gesunde Kinder.

Wie sagt man im Märchen: „Wenn sie nicht gestorben sind, leben sie noch heute (lange)“.

Auf Wiedersehen.

Anhang:

Ich erinnere mich sehr gern an meine Schulzeit in Obertrebra und vor allem Dingen dann in der Grundschule Niedertrebra. Soweit meine Erinnerung mich an die Mitschüler denken lässt, waren das in ungeordneter Reihenfolge:

Rolf Ahlendorf + Bernd Burkhardt
Klaus Becher Bärbel Dressler
Anton Dienelt Hans Hofmann
Elke Gäbler Peter Radestock (nur 2 Jahre)
Volker Grosser Rolf Rödiger (nur 2 Jahre)
Rosel Kellner Waltraud Rödiger
Hartmut Kirsten + Reinhard Rodner
Martin Koch Heidemarie Schäfer
Doris Kanold Gerlinde Schmidt +
Heidi Kramer Bärbel Schröder
Paul Kempa + Birgit Scholz
Jens Kipp + Christine Wettig
Elfriede Kupferschmidt Erich Wlodkowski +
Margit Lippach Roland Wlodkowski
Elke Murr + Frank Wölfel
Ute Poddig

Ich gebe zu, das ich noch 2 oder 3 Mitschüler vergessen haben könnte, ich glaube, das noch ein Junge aus Escheroda, ein Mädchen aus Darnstedt und noch ein Mädchen aus Niedertrebra mit in unserer Klasse war. Leider fallen mir deren Namen nicht mehr ein. Ihnen wünsche ich allen beste Gesundheit und ein langes Leben. Vielleicht können wir auch noch unsere 70jährige Konfirmation und Schulentlassung feiern im Jahr 2027.

Über den Autor

Der Autor wurde am 27. Juni 1943 in Warnsdorf, heute Tschechien, geboren. Die gesamte Familie Rodner wurde am 22.06.1945 aus ihrer Heimat vertrieben. Er besuchte die Grundschule in Niedertrebra, damals noch Kreis Weimar. Nach einer Bäckerlehre ging er freiwillig zur Armee und diente dort 4 Jahre, überwiegend als Küchenmeister. Nach Beendigung seiner Armeezeit trat er der Volkspolizei bei. Holte nebenbei den 10. Klassenabschluss nach und absolvierte dann die Offiziersschule der mittleren Laufbahn in Aschersleben. Ab 1970 war er bei der Kriminalpolizei und wurde 1985 deren Leiter. Von 1985 bis 1989 absolvierte er die Humboldt – Universität zu Berlin und schloss diese mit dem Titel – Diplomkriminalist – ab. 1989 verließ er die Polizei und machte sich in der Sicherheitsbranche selbstständig. Von 1991 bis zum Jahr 2017 war er als Dozent und Unterrichtender an der IHK zu Erfurt und Gera tätig. Ehrenamtlich ist er Vorsitzender des Seniorenverbandes des BRH in Apolda. Er ist der Autor des Buches „Ein (sudeten) deutscher Junge“-

Seit 2008 ist er Rentner und lebt nach dem Tod seiner Ehefrau mit einer Frau in Lebensgemeinschaft.

Reinhard Rodner, Apolda